ANNABEL KARMEL

LIEBLINGSREZEPTE FÜR BABYS UND KLEINKINDER

ANNABEL KARMEL

LIEBLINGSREZEPTE FÜR BABYS UND KLEINKINDER

Über 150 Rezepte für einen guten Start ins Leben

Vom ersten Brei bis zum gemeinsamen Essen

Mosaik

Anmerkung zu den Nährstoffangaben in den Rezepten

Die angegebenen Mengen sind Durchschnittswerte, sie basieren auf Nährstofftabellen und nicht auf direkter Analyse der zubereiteten Gerichte. Es handelt sich dabei lediglich um Richtwerte, Abweichungen sind möglich. Bei Zutaten ohne genaue Gewichtsangaben wurden die Werte geschätzt. Für Rezeptvarianten wurden keine Angaben erstellt. Die Werte beziehen sich jeweils auf eine Portion.

Da Luft oder Licht viele Vitamine zerstören, gelten die Richtwerte nur, wenn die Speisen unmittelbar nach der Zubereitung serviert werden. Bei Gerichten, die sofort tiefgefroren werden, bleiben die angegebenen Nährstoffe normalerweise in ausreichenden Mengen erhalten. Wird ein Lebensmittel als »reich« an bestimmten Nährstoffen empfohlen, bezieht sich dies sowohl auf den absoluten Wert als auch auf die Relation zum Energiegehalt (kcal) eines Rezepts.

Ein Dorling Kindersley Buch
Originaltitel »Feeding Your Baby & Toddler«

Übersetzung aus dem Englischen:
Gabriele Zelisko
Redaktion: Monika König
Textbearbeitung: Irmgard Perkounigg
Umschlaggestaltung: Design Team München
Umschlagfoto: IFA-Bilderteam, Wolf
Satz: Filmsatz Schröter GmbH, München
Druck und Bindung:
L. Rex Printing Company Ltd., China
Printed in China
ISBN 3-576-11332-0

INHALT

Vorwort

In einem Punkt sind sich wohl alle Eltern einig: Wenn es um das Wohl ihrer Kinder geht, ist nur das Beste gut genug. Meine erste Tochter Natascha starb im Alter von dreizehn Wochen an den Folgen einer Virusinfektion. Obwohl die Erkrankung nichts mit ihrer Ernährung zu tun hatte, war ich nach ihrem Tod um so entschlossener, meinem zweiten Kind Nicholas den bestmöglichen Start ins Leben zu bieten. Und mit Nicholas lernte ich, was es heißt, einen heiklen Esser herumzukriegen. Mein ganzes Interesse an der Ernährung von Kindern resultiert im Grunde aus all den Frustrationen, die man mit einem Kind erlebt, das über längere Zeit immer nur ganz bestimmte Lebensmittel zu sich nehmen will. Die in diesem Buch enthaltenen Empfehlungen und Lösungsansätze für die gängigen Ernährungsprobleme basieren also nicht nur auf den neuesten ernährungswissenschaftlichen Erkenntnissen, sondern auch auf eigenen Erfahrungen und der Überzeugung, daß die richtige Nahrung eine der besten Formen der Präventivmedizin ist.

In einer Phase, in der die Ernährung von grundlegender Bedeutung für die Gesundheit ist, sollten wir niemals auf industriell hergestellte Lebensmittel aus Gläsern oder Fertigpackungen zurückgreifen. Es gibt nichts Besseres für Ihr Kind als selbstgekochtes Essen aus frischen Zutaten. Die Zubereitung daheim ist zudem billiger und keineswegs zeitaufwendig. Eine ganze Reihe ausgezeichneter Breie kommt ganz ohne Kochen aus, andere Rezepte eignen sich für die Herstellung größerer Mengen, so daß in kurzer Zeit der Bedarf für einen ganzen Monat zubereitet und dann eingefroren werden kann. Mit selbstgekochten Speisen gewöhnen Sie Ihr Kind daran, daß frisches Essen immer wieder anders schmeckt. Damit führt man es allmählich an die Familienmahlzeiten heran und beugt zukünftigen Eßproblemen vor.

Leider sind Fertigmahlzeiten und sogenanntes Junk food für viele Kinder fester Bestandteil ihres Speiseplans. Immer weniger Familien nehmen ihre Mahlzeiten gemeinsam am

Tisch ein, statt dessen wachsen Kinder nur allzuoft mit dem immer gleichen Repertoire an industriell hergestellten und abgepackten Fertigmenüs heran: Pizza, Hamburger, Chips und Spaghetti. Damit müssen sie zwangsläufig den Eindruck gewinnen, »richtiges« Essen sei nur etwas für Erwachsene, und für Kinder gelte ein eigener Speiseplan, auf dem einige der qualitativ minderwertigsten und ungesündesten Produkte ganz oben stehen. Eltern tragen die Verantwortung dafür, was ihre Kinder zu sich nehmen – es liegt an ihnen, für gesunde und abwechslungsreiche Kost zu sorgen.

Meine drei Kinder Nicholas, Lara und Scarlett waren natürlich über die Jahre hinweg immer wieder Motivation für mich, doch gilt mein Dank auch all den anderen Babys und Kindern, die viel zu meinem Wissen beigetragen und, wenn auch nicht bewußt, meine Rezepte getestet haben. Kinder sind anspruchsvolle Kritiker – es interessiert sie zwar weniger, ob ihr Essen gesund ist, dafür aber um so mehr, ob es gut schmeckt. Die Rezepte in diesem Buch wollen beides verbinden: Sie sollen Kinder ansprechen und gleichzeitig vernünftigen ernährungswissenschaftlichen Anforderungen genügen. Und vielleicht gehört so manches Gericht eines Tages sogar zu den Leibspeisen Ihrer Familie.

Annabel Karmel.

Die erste Nahrung

Eine ausgewogene Ernährung erfüllt ihren Zweck dann, wenn sie exakt den Bedürfnissen Ihres heranwachsenden Kindes entspricht. Im ganzen ersten Lebensjahr Ihres Babys ist Muttermilch oder adaptierte Milchnahrung eine der Grundlagen der Ernährung. Doch schon zu Beginn des Abstillens sollten Sie auf eine Nahrungszusammensetzung achten, in der alle fünf wichtigen Bausteine ausreichend enthalten sind: Kohlenhydrate, Vitamine, Fett, Mineralstoffe und Eiweiß. Berücksichtigen Sie dabei, daß Ihr Kind andere Bedürfnisse hat als Sie. Aufgrund seines enormen Wachstums in den ersten Lebensjahren benötigt es deutlich mehr Fett und kalorienreichere Nahrung als ein Erwachsener.

Die Milch Ihres Babys

Während der ersten sechs Lebensmonate braucht Ihr Baby ausschließlich Muttermilch oder adaptierte Milch; damit werden sämtliche Anforderungen an die Ernährung erfüllt. Selbst wenn Sie nach vier oder fünf Monaten mit dem Abstillen beginnen, nimmt das Baby so geringe Mengen fester Nahrung zu sich, daß dieses »richtige« Essen allenfalls der Erkundung neuer Geschmacksnoten dient. Die Milchmahlzeiten sollten während dieser Phase auf keinen Fall eingeschränkt werden. Nach sechs Monaten können Sie beim Kochen oder zu den Frühstücksflocken allmählich mit kleinen Mengen Kuhmilch beginnen.

Für jedes Alter die richtige Milch

Art der Milch		Geburt	6 Mon.	9 Mon.	12 Mon.	18 Mon.
Muttermilch *oder* **adaptierte Milch**	Die besteKost. An die Muttermilch angepaßte Kuhmilch. *Kann auch über das erste Jahr hinaus gegeben werden.*					
Folgemilch	Optional. An die Muttermilch angepaßte Kuhmilch für Babys ab 6 Monaten. *Kann auch über das erste Jahr hinaus gegeben werden.*					
Kuhvollmilch	Zum Kochen ab 6 Monaten, als Getränk ab 1 Jahr. Kinder unter 5 Jahren sollten täglich mindestens 400 ml trinken.		*Bis zu 1 Jahr nur zum Kochen*			

Wasser

Babys leiden schnell unter Flüssigkeitsmangel, daher sollte man immer auf ausreichende Versorgung achten. Beim Stillen erhält Ihr Kind automatisch die richtigen Mengen, Flaschenbabys hingegen brauchen unter Umständen etwas Wasser zwischendurch, da adaptierte Milch weniger durstlöschend wirkt. Sobald Ihr Baby vor allem feste Nahrung zu sich nimmt, müssen Sie ganz besonders für ausreichendes Trinken sorgen. Abgekochtes und wieder abgekühltes Leitungswasser ist billiger, immer verfügbar und der beste Durstlöscher. Geben Sie Ihrem Kind deshalb schon sehr früh Wasser, denn die meisten Kräutertees und Fruchtsäfte für Babys enthalten Zucker, was zum einen schlecht für die Zähne ist, zum anderen Ihr Baby schon früh an süße Getränke gewöhnt. Auch Mineralwasser eignet sich nicht als Getränk und für die Zubereitung von Speisen. Es ist nur in abgekochtem Zustand bakteriologisch unbedenklich und enthält oft zu viel Natrium.

FETT

GESÄTTIGTE FETTSÄUREN SIND ENTHALTEN IN:
Fleisch • Butter und Margarine • Schweineschmalz • Eiern • Käse • gehärteten pflanzlichen Fetten oder Ölen (z. B. in Keksen)

UNGESÄTTIGTE FETTSÄUREN SIND ENTHALTEN IN:
Olivenöl • Sonnenblumenöl • Maiskeimöl • Sesamöl • Färberdistelöl • Fisch mit hohem Fettgehalt

FETTE unterscheidet man nach ihrem Gehalt an gesättigten und ungesättigten Fettsäuren. Gesättigte Fettsäuren sind vor allem in tierischen und Fertigprodukten enthalten, ungesättigte Fettsäuren in Gemüse und Fisch. Gesättigte Fettsäuren können den Cholesterinspiegel des Blutes erhöhen, bei Erwachsenen steigt dadurch die Anfälligkeit für Herzerkrankungen. Sie sollten einerseits dafür sorgen, daß Ihr Kind genügend Fett zu sich nimmt, andererseits aber auch auf eine gesunde Ernährung achten, indem Sie mageres Fleisch auf den Tisch bringen und zum Braten pflanzliche Öle anstatt Butter verwenden. Milch und Käse enthalten zwar gesättigte Fettsäuren, sind aber auch reich an Kalzium, Eiweiß und Vitaminen. Im Alter von 2 bis 5 Jahren sollten Kinder 35 Prozent ihres Energiebedarfs in Form von Fett decken, im ersten Lebensjahr sogar 50 Prozent.

EIWEISS

REICHLICH EIWEISS IST ENTHALTEN IN:
dunklem Fleisch • Geflügel • Leber • Fisch • Eiern • Milch • Käse (kein Schmelzkäse) • Getreide • Hülsenfrüchten • Kernen

EIWEISS ist unerläßlich für Wachstum und gesundes Zellgewebe, bei ungenügender Versorgung sinkt die Widerstandskraft gegen Krankheiten und Infektionen. Eiweiß besteht aus Aminosäuren, die der Körper nur zum Teil selbst herstellen kann, der Rest muß über die Nahrung aufgenommen werden. Tierische Eiweiße inklusive der Milch enthalten sämtliche für den Körper wichtigen Aminosäuren; bei den Pflanzen hingegen enthält Soja als einzige alle essentiellen Aminosäuren. Doch durch die Kombination verschiedener Lebensmittel läßt sich eine optimale Eiweißversorgung auch bei vorwiegend pflanzlicher Ernährung erreichen. Da der Körper nicht in der Lage ist, Eiweiß zu speichern, sollten täglich eiweißhaltige Lebensmittel auf dem Speiseplan stehen. Eiweißreiche Nahrung sollte bei Kindern jedoch nicht Hauptbestandteil der Nahrung sein, da die noch nicht voll entwickelten Nieren sonst überlastet werden.

KOHLENHYDRATE

ISOLIERTE KOHLENHYDRATE SIND ENTHALTEN IN:
Zucker • Weißmehlprodukten • einigen Frühstücksflocken • den meisten industriell hergestellten Gebäckarten

KOMPLEXE KOHLENHYDRATE SIND ENTHALTEN IN:
Vollkorn-Frühstücksflocken • Gebäck und Broten aus Vollkornmehl • Naturreis • Kartoffeln • Haferflocken

KOHLENHYDRATE sind die wichtigste Energiequelle des Körpers. Man unterscheidet zwei Arten: isolierte und komplexe. Beide Arten werden in Blutzucker umgewandelt und führen dem Körper dabei Energie in Form von Kalorien zu. Aus isolierten Kohlenhydraten, wie sie etwa in Weißbrot enthalten sind, wurden die natürlichen Ballaststoffe während des Verarbeitungsprozesses extrahiert; damit fehlen ihnen auch ihre wichtigsten Nährstoffe. Komplexe Kohlenhydrate hingegen sind energiereiche Lebensmittel, die noch alle Vitamine, Mineralstoffe und Ballaststoffe enthalten und für den Körper damit größeren Wert besitzen. Die Nahrung Ihres Kindes sollte zu 60 Prozent aus Kohlenhydraten bestehen.

KALZIUM

KALZIUM ist wichtig für Wachstum und Erhaltung von Knochen und Zähnen. 400 ml Milch täglich decken den Bedarf eines Kindes im Alter von 1 bis 5 Jahren

KALZIUM IST ENTHALTEN IN:
Milch ◆ Käse ◆ Joghurt ◆ Blattgemüse ◆ Tofu ◆ Nüssen ◆ Sardinen ◆ Sesamsamen

ZINK

ZINK ist wichtig für das Wachstum und ein intaktes Immunsystem. Eine abwechslungsreiche Ernährung deckt im Normalfall den Tagesbedarf an Zink ab.

ZINK IST ENTHALTEN IN:
Schaltieren ◆ dunklem Fleisch ◆ Erdnüssen ◆ Sonnenblumenkernen ◆ angereicherten Frühstücksflocken

VITAMINE

VITAMINE sind für einen gesunden Körper unerläßlich. Man unterscheidet zwischen wasserlöslichen (B-Komplex und C) und fettlöslichen Vitaminen (A, D, E und K). Wasserlösliche Vitamine werden durch Erhitzen zerstört und lösen sich in Wasser auf. Lebensmittel, die diese Vitamine enthalten, sollten also auf keinen Fall zu lange gekocht werden. Fettlösliche Vitamine werden vom Körper eingelagert und können in zu großen Mengen schädlich wirken. Bei Kindern unter 5 Jahren wird gegenwärtig zu zusätzlichen Gaben von Vitamin A, C und D geraten.

VITAMIN A (inklusive Beta-Karotin und Retinol) ist wichtig für das Wachstum, zur Stärkung der Abwehrkräfte, für gesunde Haut, gutes Sehen und kräftige Knochen. Retinol ist reichlich enthalten in Leber und Eiern. Beta-Karotin schützt als Antioxidans vor Krankheiten und ist enthalten in Karotten, roten Paprikaschoten, Gemüsemais, Melonen, Aprikosen und Mangos.

B-VITAMINE und Folsäure fördern das Wachstum, sorgen für ein intaktes Nervensystem und regulieren die Verdauung. Wichtige Lieferanten sind Fleisch (vor allem Leber), Tofu, Sardinen, Eier, Nüsse, dunkelgrüne Blattgemüse, Milchprodukte, Vollkorn-Getreideflocken, Hefeextrakt, Avocados und Bananen.

VITAMIN C ist wichtig für das Wachstum, gesunde Haut und die Eisenverwertung im Körper. Wichtige Lieferanten sind Zitrusfrüchte, Erdbeeren, schwarze Johannisbeeren, Kiwis, dunkelgrüne Blattgemüse, Kartoffeln und Paprikaschoten.

VITAMIN D wird vom Körper produziert, wenn er über die Haut genügend Sonnenlicht aufnimmt. Der Körper braucht es für die Verwertung von Kalzium und Phosphor – wichtige Substanzen für gesunde Knochen und Zähne. Es ist enthalten in Lachs, Thunfisch, Sardinen, Milch, Käse, Eiern.

VITAMIN E sorgt im Körper für eine intakte Zellstruktur und unterstützt die Bildung der roten Blutkörperchen. Wichtige Lieferanten sind pflanzliche Öle, Weizenkleie, Avocados, Nüsse.

EISEN

EISEN IST ENTHALTEN IN:
dunklem Fleisch, vor allem Leber ◆ fettreichem Fisch ◆ Hülsenfrüchten ◆ angereichertem Babyreis ◆ angereicherten Frühstücksflocken ◆ Brot ◆ grünem Blattgemüse ◆ Trockenfrüchten

EISEN ist für die körperliche und geistige Entwicklung gleichermaßen wichtig. Das Baby ist bei der Geburt mit einem Eisenvorrat ausgestattet, der für die ersten 6 Monate ausreicht. Ab diesem Zeitpunkt sollte man unbedingt auf genügend Eisen in der festen Nahrung sorgen, denn unerkannter Eisenmangel kann zu Anämie führen – das Kind fühlt sich energielos und müde. Im Alter von 6 bis 12 Monaten ist der Eisenbedarf von Babys besonders hoch. Bei Frühgeborenen besteht eine noch größere Gefahr des Eisenmangels, da ihr natürlicher Vorrat oft nur für 6 Wochen reicht. Ärzte raten deshalb bei Frühgeborenen zu regelmäßigen Eisengaben bis zum Ende des 1. Lebensjahrs. (Weitere Informationen dazu finden Sie auf Seite 53.)

Allergien und Unverträglichkeiten

Was versteht man unter einer Lebensmittelallergie?

Eine allergische Reaktion tritt ein, wenn das Immunsystem eine an sich harmlose Substanz als Bedrohung empfindet und eine Überreaktion einsetzt, mit der unangenehme, in manchen Fällen auch bedrohliche Nebenwirkungen einhergehen. Da Babys noch nicht über ein voll ausgebildetes Immunsystem verfügen, sind sie häufig empfindlich gegen Allergene wie Eier und Gluten. Deshalb sollte man diese Lebensmittel erst später anbieten. Oft sind Lebensmittelallergien nach den ersten drei Lebensjahren überwunden – halten sie darüber hinaus an, hilft nur Verzicht.

Häufiges Auftreten von Allergien innerhalb einer Familie

Wenn in Ihrer Familie häufiger Allergien oder atopische Erkrankungen (z. B. Heuschnupfen, Asthma, Nesselsucht oder Ekzeme) auftreten, sollten Sie Ihr Baby in den ersten 4 bis 6 Monaten voll stillen und Lebensmittel, die möglicherweise Allergien auslösen könnten, frühestens nach 6 Monaten einführen. Beginnen Sie beim Abstillen mit unbedenklichen Produkten wie Reis, Kartoffeln, Birnen und Äpfeln, und geben Sie diese nacheinander. Auf diese Weise finden Sie bei allergischer Reaktion den Auslöser schnell heraus. Neben Lebensmitteln können aber auch andere Faktoren (wie Hausstaub, Haustiere oder Körperpflegemittel) Allergien hervorrufen. Ist in Ihrer Familie bereits eine Allergie gegen ein bestimmtes Lebensmittel bekannt, sollten Sie dieses nicht vor Ende des 1. Lebensjahres einführen. Streichen Sie jedoch keinen wichtigen Baustein vom Speiseplan, ohne Ihren Arzt konsultiert zu haben.

Kuhmilchallergie (Eiweissallergie)

Eine allergische Reaktion gegen Eiweiß aus Kuhmilch, kuhmilchhaltigen Fertignahrungen und Milchprodukten kann sich in Form von Durchfall, Erbrechen, Bauchschmerzen, Ekzemen und Laktoseunverträglichkeit (siehe unten) äußern. Leidet ein Baby unter dieser Allergie, weicht man auf Sojanahrung oder hypoallergene Babykost aus, sofern Stillen nicht möglich ist. Ältere Kinder müssen Kuhmilch in jeder Form vermeiden (holen sie dazu den Rat eines Arztes oder Ernährungsberaters ein).

Nussallergie

Allergien gegen Baumnüsse sind relativ selten, die Erdnuß allerdings kann eine der gefährlichsten allergischen Reaktionen überhaupt auslösen, den anaphylaktischen Schock (durch Anschwellen des Halses wird die Atmung beeinträchtigt). Sind in Ihrer Familie Lebensmittelallergien bekannt, sollten Sie alle Produkte, die Erdnüsse oder unraffiniertes Erdnußöl enthalten, erst ab 3 Jahren verwenden.

Laktoseunverträglichkeit

Bei Laktoseunverträglichkeit ist der Körper nicht in der Lage, Laktose oder Milchzucker zu verdauen, da ihm ein entsprechendes Enzym, nämlich Laktase, im Darm fehlt. Ursache ist meist Durchfall infolge bakterieller Gastroenteritis oder einer Virusinfektion, die den Darm daran hindert, Laktase zu produzieren. Sobald sich der Darm wieder erholt hat (was wenige Tage bis einige Wochen dauern kann), setzt auch die Produktion des Enzyms wieder ein, und die Unverträglichkeit ist aufgehoben.

Glutenunverträglichkeit

Weizen, Gerste, Hafer und daraus hergestellte Produkte enthalten Gluten, das ähnliche Reaktionen wie bei der Laktoseunverträglichkeit verursachen kann. Beide Reaktionen können auch parallel nach einer durch Gastroenteritis hervorgerufenen Darmschädigung auftreten. Glutenhaltige Nahrungsmittel sollte ein Baby erst ab 6 Monaten bekommen. Glutenfreie Getreide wie Reis, Hirse und Mais können bereits mit 4 Monaten gegeben werden. Ist in der Familie bereits Glutenunverträglichkeit aufgetreten, sollte Ihr Baby im 1. Jahr auf Gluten verzichten. In den meisten Fällen verschwinden die Symptome, sobald der Darm sich von der Gastroenteritis erholt hat. Chronische Glutenunverträglichkeit bezeichnet man als Zöliakie, bei der eine entsprechende Diät einzuhalten ist.

Der Vorratsschrank

Ein gut ausgestatteter Vorratsschrank ist in jeder Küche unerläßlich und immer dann die Rettung, wenn keine Zeit mehr zum Einkaufen war. Aus den verfügbaren Vorräten lassen sich im Handumdrehen nahrhafte Gerichte für Ihr Kind oder – im Nottfall – für die ganze Familie zubereiten.

Die nachstehende Liste ist bei weitem nicht umfassend, bildet jedoch einen recht sinnvollen und variablen Grundstock.

Trockenprodukte

Brot und andere Getreideprodukte, wie zum Beispiel Nudeln oder Reis, sind wertvolle Kohlenhydratlieferanten und eine gute Basis für viele schnelle und gesunde Speisen. Getrocknete Bohnen und Hülsenfrüchte erfordern eine gewisse Vorbereitungszeit, sind aber ebenfalls sehr nahrhaft und obendrein preiswert. Neben den genannten Lebensmitteln sollten Sie auf Vorrat haben: Weißmehl • Vollkornmehl • Maismehl • chinesische Eiernudeln.

BROTPRODUKTE UND BACKWAREN, z. B. Vollkornbrot, Weißbrot, Grissini, Muffins.

BOHNEN UND HÜLSENFRÜCHTE, z. B. rote Kidneybohnen, rote und grüne Linsen, grüne Bohnen.

REIS, vor allem Babyreis für Breie, weißer Langkornreis, Naturreis, Risottoreis.

NUDELN; Suppennudeln, Farfalle und Fusilli, Spaghetti, Lasagneblätter, Cannelloni.

COUSCOUS und weitere Weizenprodukte wie Grieß und Bulgur.

TROCKENFRÜCHTE wie Aprikosen, Mangos, Pfirsiche, Pflaumen, Apfelringe und Rosinen.

Frühstücksflocken

Greifen Sie bevorzugt zu Reis-, Hafer oder Weizenflocken mit wenig Zucker und am besten aus Vollkorn. Vermeiden Sie Produkte mit zuviel Kleie oder zusätzlichen Ballaststoffen. Eine Alternative sind Müslimischungen. Süßen Sie statt mit raffiniertem Zucker lieber mit Trockenfrüchten.

INDUSTRIELL HERGESTELLTE PRODUKTE, z. B. Cornflakes, Puffreis, Weizenkekse, kleine Weizen-Malz-Kekse.

MÜSLIMISCHUNGEN aus Haferflocken, verschiedenen Getreidesorten, gerösteten Weizenkeimen und Trockenfrüchten.

VERSTECKTER ZUCKER

- Frühstücksflocken können bis zu 45 Prozent Zucker in Form von Maltose, Honig, Glukose oder Dextrose enthalten, so daß der genaue Zuckergehalt nur sehr schwer zu ermitteln ist.

Milchprodukte

Geben Sie Kindern unter 5 Jahren nur pasteurisierte Vollmilch oder entsprechend behandelte Milchprodukte.

KÄSE, z. B. streichfähiger Frischkäse für Dips und Aufstriche, milder Cheddar, Edamer oder Greyerzer, Hüttenkäse, frischer Parmesan.

MILCH sollte den vollen Fettgehalt haben und pasteurisiert sein. Für alle Fälle eine Packung H-Milch im Vorratsschrank bereithalten.

JOGHURT, vor allem Naturjoghurt aus Vollmilch, nur leicht gezuckerte Früchte- oder Vanillejoghurts (am besten aus biologischer Herstellung), Frischkäse.

EIER

Aus Eiern lassen sich rasch nahrhafte Gerichte zubereiten. Nur Eier von freilaufenden Hühnern verwenden.

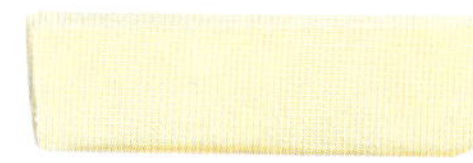

BUTTER (nicht oder nur leicht gesalzen) oder hochwertige Margarine als Brotaufstrich sowie zum Braten und Backen.

Saucen, Öle und Gewürze

Mit einer guten Auswahl an Fertigsaucen und Ölen, Kräutern und Gewürzen bieten sich zahlreiche Variationsmöglichkeiten.

SAUCEN UND GEWÜRZMITTEL wie Sojasauce, Austernsauce, Tomatenmark, Worcestershire-Sauce, Pesto, Gemüse- und Hühnerbrühe (Instant).

ÖL UND ESSIG zum Kochen und für Salatsaucen, vor allem Olivenöl, Sonnenblumenöl, Pflanzenöl, Sesamöl, Balsamico- und Weinessig.

KRÄUTER: getrocknete Kräutermischungen, Lorbeerblätter, Oregano, Thymian, Bouquets garni, frisches Basilikum, frische und getrocknete Petersilie.

GEWÜRZE: gemahlener Zimt, Gewürzmischungen und Ingwer zum Backen, Muskatnuß (ganz), frische Ingwerwurzel, süßer Paprika.

Tiefkühlprodukte

Viele Gemüsesorten wie Erbsen oder Mais werden schon zwei bis drei Stunden nach der Ernte tiefgefroren, so daß ihre wertvollen Nährstoffe erhalten bleiben. Gemüse, das schon einige Tage gelagert ist, enthält oft weniger Nährstoffe als tiefgefrorenes. Hähnchenteile oder Fischfilet aus dem Gefrierfach sind praktische Vorräte. Bei paniertem Fisch kaufen Sie besser größere Stücke, so daß der Anteil der Panade in Relation zum Fisch geringer ist. Frieren Sie für Notfälle Brot und Butter ein sowie ein gutes Milcheis für schnelle Süßspeisen.

Konserven

Da manche Konserven sehr viel Zucker, Salz oder gesättigte Fette enthalten, ist es ratsam, immer die Etiketten genau zu lesen. Es gibt jedoch auch eine ganze Reihe sehr gesunder Produkte. Als Vorrat eignen sich: Thunfisch • Sardinen • Kidneybohnen • Tomaten • Mais.

ZUSÄTZE

- Überprüfen Sie die Angaben auf dem Etikett nach erlaubten Zusätzen wie den Farbstoffen Annatto und Tartrazin, die bei Kleinkindern allergische Reaktionen hervorrufen können.

Die richtige Ausstattung

VERMUTLICH BESITZEN Sie bereits die meisten Küchengeräte, die für die Zubereitung von Baby- und Kindernahrung erforderlich sind. Die wichtigsten Utensilien, die auch das Kochen für die »Großen« erleichtern, werden hier vorgestellt. Eine gute Ausrüstung muß weder teuer noch kompliziert sein, wichtig ist nur, daß Sie damit auf möglichst einfache Weise die Speisen für Ihr Kind zubereiten können.

Küchengeräte

Mit einer elektrischen Küchenmaschine oder einem Pürierstab können Sie auch größere Mengen zu Brei verarbeiten. Bestimmte Lebensmittel, wie etwa gekochte Äpfel, lassen sich auf diese Weise in einem Arbeitsgang zu glattem Mus pürieren, andere müssen anschließend noch passiert werden.

MINIZERKLEINERER eignen sich gut für die Herstellung von Babynahrung in kleinen Portionen.

KÜCHENMASCHINEN erleichtern das Zubereiten größerer Mengen, für Miniportionen besorgt man sich eine kleinere Schüssel aus dem Zubehörprogramm.

KLEINERE SCHÜSSEL

HANDPASSIERGERÄTE bereiten feines Mus und halten gleichzeitig unverdauliche Kerne oder Schalen zurück.

MIT EINEM HAARSIEB aus Metall lassen sich faserige Bestandteile aus Babybreis entfernen.

Ein HANDPÜRIERSTAB ist leicht zu reinigen und eignet sich hervorragend für die Zubereitung kleinerer Breimengen.

Tiefkühlbehälter

Kleine Breimengen lassen sich gut in Eiswürfelbehältern einfrieren (siehe Seite 18). Für etwas größere gibt es Gefäße, die man vom Eisfach in den Mikrowellenherd stellen kann. Kleine Tiefkühlbehälter und Joghurtbecher sind ebenfalls sehr nützlich.

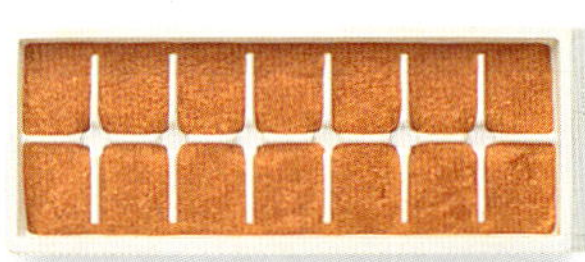

In EISWÜRFELSCHALEN aus beweglichem Kunststoff können Sie Miniportionen einfrieren.

TIEFKÜHLGEFÄSSE mit Deckel sind für viele Zwecke geeignet.

Dampftöpfe

In einem Dampftopf lassen sich verschiedene Speisen gleichzeitig garen. Ein variabler Einsatz, der sich unterschiedlichen Topfgrößen anpaßt, ist eine gute Alternative.

VARIABLER EINSATZ

DAMPFKOCHTOPF MIT MEHREREN EINSÄTZEN

Kinderstühle

Für die ersten Eßversuche Ihres Babys eignet sich eine Wippe, die den Rücken abstützt. Ab ungefähr 6 Monaten sitzt es dann besser in einem Hochstuhl mit Sicherheitsbügel. Eine platzsparende Alternative ist ein ebenfalls mit Sicherheitsbügel ausgestatteter Stuhl zum Befestigen an der Tischkante.

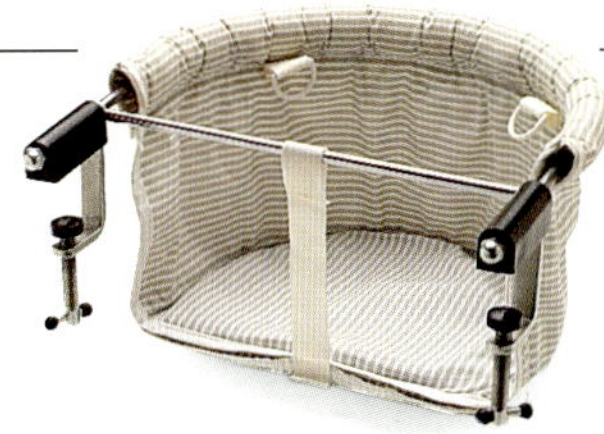

Befestigen Sie diese Art von BABYSTÜHLEN nur an einem stabilen Tisch ohne Tischdecke.

WIPPEN sind leicht und eignen sich gut für Babys, die noch nicht alleine sitzen können.

Achten Sie bei HOCHSTÜHLEN auf stabilen Stand und eine einfach zu reinigende Ablage.

Kindergeschirr

Sie finden im Handel eine große Auswahl an Utensilien zum Essen und Füttern Ihres Babys. Für den Anfang reichen ein kleines Kunststoffschälchen und ein flacher, biegsamer Kunststofflöffel, mit dem der zarte Gaumen nicht verletzt werden kann. Später können Sie auf Teller mit Saugmechanismus, Lerntassen und spezielles Babybesteck umsteigen.

DAS ERSTE SCHÄLCHEN sollte aus hitzebeständigem Kunststoff sein und einen Griff haben.

TEMPERATUREMPFINDLICHE Schalen und Löffel zeigen zu heißes Essen durch Farbwechsel an.

Schalen mit SAUGMECHANISMUS halten gut auf dem Hochstuhltablett.

BABYLÖFFEL

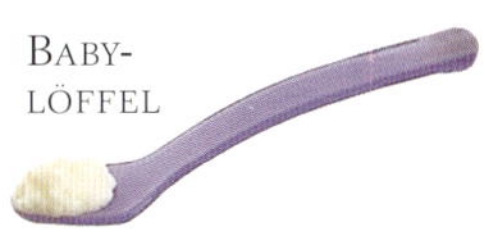

Ein guter BABYLÖFFEL ist flach und hat keine harten Kanten.

SAUGER

BEWEGLICHE TRINKÖFFNUNG

Deckel mit Loch für Trinkhalm

LERNTASSE MIT MASSEINTEILUNG

Unbewegliche Trinköffnung

LERNTASSE

Aus einer BABYTASSE kann Ihr Kind schon ganz früh alleine trinken. Üblicherweise wechselt das Baby von der Flasche erst zur Lerntasse mit festsitzendem Deckel und schließlich zum offenen Trinkgefäß.

Lätzchen

Füttern kann zum Härtetest werden – für das Baby, für die Eltern und für die Wände in Reichweite. Schützen Sie die Kleidung Ihres Kindes mit einem Lätzchen vor dem Schlimmsten, und legen Sie unter den Hochstuhl eine Plastikmatte oder ein altes Wachstuch.

BAUMWOLLÄTZCHEN sollten hinten beschichtet sein und Klettverschlüsse haben.

Ein KUNSTSTOFFLATZ mit Auffangschale eignet sich gut für größere Babys.

Den besten Schutz bieten LÄTZCHEN MIT ÄRMELN und Verschlußbändern am Rücken.

Zubereitung der Nahrung

DIE ZUBEREITUNG von Babynahrung ist keine große Wissenschaft, aber man kann bestimmte Arbeitsgänge optimieren, so daß auch vielbeschäftigte Eltern immer die richtige Nahrung für Ihr Kind parat haben. Eine zerdrückte Banane oder Avocado liefern ganz ohne Kochen bereits einen ausgezeichneten Babybrei. Sie können auch vor dem Würzen eine kleine Portion von der Familienmahlzeit abzweigen, etwa wenn Gemüse auf dem Speiseplan steht. Oder Sie kochen die Babymahlzeit gleich in größeren Mengen zum Einfrieren. Die auf den folgenden Seiten beschriebenen Zubereitungsmethoden gehen speziell auf die Herstellung weicher Breie ein, wie man sie zu Beginn des Abstillens füttert (Rezepte Seite 28–31).

VERSCHIEDENE GARMETHODEN

- BEIM DÄMPFEN bleiben Geschmack und Nährstoffe frischer Produkte optimal erhalten. Die wasserlöslichen Vitamine B und C werden durch zu langes Kochen zerstört. Brokkoli verliert beim Kochen 60 Prozent seiner Vitamine, beim Dämpfen hingegen nur 20 Prozent.
- DA BEIM KOCHEN Nährstoffe zerstört werden, sollten die einzelnen Zutaten nicht länger als unbedingt nötig und in möglichst wenig Wasser gegart werden.
- IN DER MIKROWELLE werden Obst und Gemüse in kürzester Zeit weich und verlieren kaum Nährstoffe.
- AUCH BACKEN ist eine schonende und arbeitssparende Form der Zubereitung. Kartoffeln, Süßkartoffeln und Kürbis werden gewaschen, mit einer Gabel eingestochen und gebacken, bis sie weich sind. Dann wird das Fruchtfleisch ausgelöst und zerdrückt.

Pürieren

2 Nun pürieren Sie alles zu einem glatten Brei. Falls der Brei zu dick ist, geben Sie etwas von der Kochflüssigkeit dazu.

1 Kochen Sie eine kleine Portion Gemüse oder Obst weich, und behalten Sie von der Flüssigkeit ein wenig zurück. Dann füllen Sie das Gekochte in den Mixbecher.

3 Der fertige Brei sollte ganz glatt sein. Für sehr kleine Babys kann er mit abgekochtem, erkaltetem Wasser verdünnt werden.

Passieren

Die Zutaten sollten in ungefähr gleich große Stücke zerteilt werden

1 Für die Herstellung von Breien aus faserigen Zutaten setzen Sie das feine Passiersieb ein. Dann füllen Sie das gekochte Gemüse ein und halten das Gerät über eine Schüssel.

Beim Drehen werden die weichen Bestandteile durch das Sieb gepreßt

Mit dem Handpassiergerät erhalten Sie einen dicken glatten Brei

2 Drehen Sie nun den Griff des Passiergeräts, bis der Großteil des Inhalts durchgepreßt ist. Entfernen Sie die zurückgebliebenen faserigen Bestandteile.

3 Der fertige Brei ist frei von störenden Bestandteilen und glatt. Bei Bedarf kann er mit etwas Flüssigkeit, die vom Kochen noch übrig ist, verdünnt werden.

Lebensmittel aus biologischem Anbau

Die steigende Nachfrage führte zu einem breitgefächerten Angebot an biologischen Lebensmitteln, deren Produktion gesetzlichen Bestimmungen unterliegt. Daß Lebensmittel, die ohne Pestizide und Düngemittel angebaut werden, gesünder sind, konnte bisher jedoch nicht mit Sicherheit nachgewiesen werden. Biologischer Anbau ist sicher die umweltfreundlichere Methode, treibt andererseits aber auch die Preise nach oben. Wenn Sie sich nicht biologisch ernähren, ist es ratsam, einige Vorsichtsmaßnahmen zu beherzigen: Da bei frischen Produkten mögliche Rückstände meist in der Schale sitzen, sollten Sie von Kohl, Eissalat u.ä. immer die äußeren Blätter entfernen. Wenn jedoch die Pestizide über die ganze Pflanze verteilt sind, erreicht man mit dieser Maßnahme natürlich nichts.

Einfrieren und Aufwärmen

Am effizientesten gestaltet sich die Zubereitung von Babynahrung, wenn Sie gleich größere Mengen kochen und dann einfrieren. Nur wenige Breie, vor allem solche aus Banane, Avocado oder Melone, sind dafür nicht geeignet.

Ihr Tiefkühlgerät sollte das Gefriergut innerhalb von 24 Stunden auf mindestens –18 °C herunterkühlen. Aufgetaute Nahrungsmittel dürfen nicht wieder eingefroren werden, das gilt jedoch nicht für tiefgekühlte rohe Lebensmittel.

Einfrieren von Breien

1 Lassen Sie den frisch gekochten Brei auf Raumtemperatur abkühlen, und verteilen Sie ihn dann mit einem Löffel in einen sterilisierten Eiswürfelbehälter. Stellen Sie den Behälter in das Tiefkühlfach.

2 Nach dem Gefrieren drücken Sie die Breiwürfel auf einen sauberen Teller.

3 Nun lassen Sie die benötigte Menge an Würfeln im Topf oder Mikrowellenherd heiß werden (siehe unten).

4 Die restlichen Breiwürfel kommen in einen Tiefkühlbeutel, der mit Datum versehen wieder im Eisfach aufbewahrt wird.

Richtiges Aufwärmen

Für das Auftauen von Breien eignet sich die Mikrowelle genauso gut wie eine kleine Kasserolle, wichtig ist nur, daß die Mahlzeit durch und durch heiß ist. Wenn Sie die Mikrowelle benutzen, sollten Sie unbedingt darauf achten, daß die Speisen nicht ungleichmäßig erhitzt werden und zum Teil kalt bleiben. Lassen Sie den Brei abkühlen, und prüfen Sie die Temperatur erst selbst, bevor Sie Ihr Baby füttern. Da wiederholtes Aufwärmen Gefahren birgt, sollten Sie immer nur eine Portion auftauen.

Tiefkühlzeiten

Lebensmittel	Zeit
Muttermilch	1 Monat
Gemüsebreie	6 Monate
Obstbreie	6 Monate
Breie mit Milch	2 Monate
Gekochter Fisch	3 Monate
Gekochtes Fleisch	3 Monate
Brot	2 Monate
Butter	6 Monate
Gemüse	6 Monate
Roher Fisch	3 Monate
Rohe Wurst/Hackfleisch	1 Monat
Rohes Fleisch	3 Monate

Lebensmittelhygiene

LEBENSMITTELVERGIFTUNGEN können bei Babys schwerwiegende Folgen haben, deshalb sollten Sie bei der Lagerung und Zubereitung der Speisen besondere Sorgfalt walten lassen. In den ersten Lebensmonaten sind einige Punkte besonders zu beachten (siehe unten), doch sobald Ihr Baby mobiler wird und die Dinge um sich herum mit dem Mund erkundet, macht es wenig Sinn, außer Flaschen und Saugern noch viel zu sterilisieren.

Sterilisieren

Warme Milch ist der ideale Nährboden für Bakterien, weshalb Sie im ersten Jahr sämtliche Flaschen, Sauger und Saugdeckel von Trinkbechern sterilisieren sollten, die Löffel zum Füttern in den ersten 6 Monaten. Sie können dazu Sterilisiergeräte verwenden, die Utensilien aber auch 10 Minuten in einem Topf mit Wasser kochen oder im Geschirrspüler (heißes Programm) reinigen.

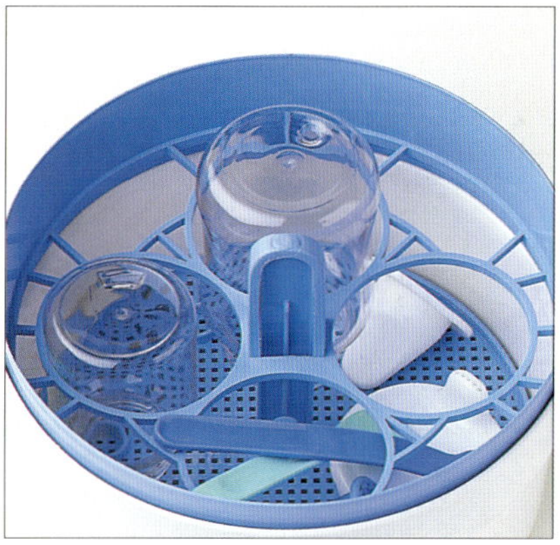

MIKROWELLEN-DAMPFSTERILISIERER

STERILISIEREN IM KOCHTOPF

Allgemeine Hygiene

Sauberkeit in der Küche muß keine großen Umstände machen. Um die Gefahr einer Lebensmittelvergiftung auszuschließen, sind nur wenige einfache Regeln zu beachten: Waschen Sie immer Ihre Hände, bevor Sie mit der Zubereitung des Essens beginnen. Auch Ihrem Kind sollten Sie vor dem Essen die Hände waschen. Ratsam ist es, sämtliche Flächen, die mit dem Essen Ihres Babys in Berührung kommen, täglich mit einem antibakteriellen Reinigungsmittel zu behandeln. Schneidbretter und Küchenmesser wäscht man am besten sofort nach Gebrauch ab und läßt sie an der Luft trocknen.

SICHERHEITSREGELN

- Lagern Sie rohes Fleisch, Fisch und Eier nicht in unmittelbarer Nähe anderer Speisen. Waschen Sie nach Berührung dieser Lebensmittel immer die Hände, und schneiden Sie Fleisch, Fisch, rohes Obst und Gemüse nicht auf ein- und demselben Brett.
- Wärmen Sie ein Gericht nur einmal auf. Um alle Bakterien abzutöten, muß man es stark erhitzen.
- Hat Ihr Baby nur die Hälfte der Mahlzeit gegessen, sollten Sie den Rest nicht für später aufheben. Durch den Speichel, der beim Füttern mit dem Löffel übertragen wurde, breiten sich schnell Bakterien aus.
- Beschriften Sie tiefgefrorene Mahlzeiten immer mit dem Datum. Bringen sie keine Gerichte auf den Tisch, bei denen die Haltbarkeitsfrist überschritten ist oder die nicht mehr einwandfrei sind.
- Lassen Sie das Essen nie außerhalb des Kühlschranks stehen. Da sich Bakterien bei Raumtemperatur rasch vermehren, muß es immer möglichst schnell in den Kühlschrank .
- Zum Schutz vor bazillenübertragenden Insekten sollten Sie alle Speisen und Getränke immer gut abdecken. Halten Sie Haustiere vom Eß- und Kochbereich fern.

4-6 Monate

Für Ihr Baby bedeutet der erste Kontakt mit festen Speisen und damit verbunden der Beginn des Abstillens einen gravierenden Einschnitt in seiner Entwicklung. Vielleicht akzeptiert es nicht alles auf Anhieb, vielleicht sind Sie in dieser Phase auch über-vorsichtig. Aber sobald Sie sich auf die individuellen Bedürfnisse und Wünsche Ihres Babys eingestellt haben, werden Sie gemein-sam eine wunderbare Zeit des Lernens und Entdeckens erleben.

Die erste feste Nahrung

Im ersten Lebensjahr macht Ihr Baby eine rasante Entwicklung durch. Die meisten Kinder haben bereits nach den ersten sechs Monaten ihr Geburtsgewicht verdoppelt. In diesem ersten halben Jahr liefert die Muttermilch oder adaptierte Fertigmilch alle wichtigen Nährstoffe und sollte dehalb die Hauptnahrung bilden. Mit vier Monaten wird Ihr Kind allerdings ein Stadium erreichen, in dem es aufgrund seines schnellen Wachstums konzentriertere Energie benötigt. Die erste Bekanntschaft mit fester Nahrung ist ein wichtiger Meilenstein in seiner Entwicklung.

Wann braucht mein Baby feste Nahrung?

Überstürzen Sie nichts. In den ersten sechs Monaten liefert die Milch alle Nährstoffe, die Ihr Baby während dieser Zeit braucht. Nach aktuellen medizinischen Erkenntnissen sollte man bei Babys, die zum errechneten Termin geboren sind, frühestens nach 16 Wochen mit fester Nahrung beginnen. Vorher ist das Verdauungs- und Immunsystem des Babys noch nicht ausreichend entwickelt, und es ist anfälliger für Lebensmittelallergien (siehe Seite 11). Ist Ihr Kind vor dem festgelegten Termin geboren, ist es ratsam, mit dem Abstillen entsprechend länger zu warten. Saugen ist ein angeborener Reflex, ebenso wie das Ausspucken ungewohnt fester Nahrung. Ein Baby muß erst über eine gewisse Reife verfügen, um zu lernen, wie man diese mit der Zunge im Mund nach hinten befördert und schluckt.

Achten Sie auf die Signale

Wenn Ihr Baby 16 bis 20 Wochen alt ist, wird es deutlich signalisieren, daß es nun feste Nahrung will. Es ist mit den üblichen Milchmahlzeiten nicht mehr zufrieden und wirkt unruhig. Hat es vorher die Nächte schon durchgeschlafen, wacht es nun vielleicht wieder auf und will gefüttert werden. Es wird auch zunehmend Interesse an Ihrem Essen bekunden.

Lassen Sie sich von Ihrem Baby führen
Lassen Sie sich ruhig über das empfohlene Mindestalter hinaus Zeit mit der Einführung fester Nahrung. Ihr Baby gibt Ihnen die entsprechenden Signale, wenn es soweit ist.

Das Abstillen beginnt

Erste Speisen

Einfacher Babyreis mit etwas Mutter- oder Fertigmilch vermischt eignet sich gut für den Anfang. Sie können in den ersten vier Wochen des Abstillens aber auch Breie aus einer einzigen Zutat geben. Auf diese Weise können Sie gut verfolgen, wie jede neue Speise dem Baby bekommt. Außerdem kann Ihr Kind viele Früchte und Gemüse pur kennenlernen, bevor Sie anfangen, diese zu kombinieren. Vermeiden Sie alle Lebensmittel, die zu Allergien führen könnten (siehe Seite 11). Wurzelgemüse kommen dank ihrer natürlichen Süße und der geschmeidigen Konsistenz nach dem Pürieren bei ganz kleinen Babys am besten an. Äpfel und Birnen empfehlen sich als erstes Obst, aber probieren Sie vor dem Kochen, ob sie auch wirklich reif und süß sind. Babyreis eignet sich ganz hervorragend zum Untermischen. Eine gute und nahrhafte Alternative sind auch zerdrückte Banane, Papaya oder Avocado.

Das spricht fürs Selbstkochen

Wenn Sie die Babymahlzeiten selbst zubereiten, haben Sie die Garantie, daß nur die besten Zutaten Verwendung finden und keine Verdicker oder sonstigen Zusätzen enthalten sind. Darüber hinaus ist es kostengünstiger und einfacher, einen für Ihr Baby »maßgeschneiderten« Speiseplan zu entwickeln. Selbstgekochtes Essen schmeckt frischer als industriell hergestelltes, das häufig auch Konservierungsstoffe enthält.

Die ersten Versuche

Das Zubereiten kleiner Breimengen ist relativ zeitaufwendig, besser kochen Sie größere Mengen und frieren diese ein (siehe Seite 18). Beachten Sie dabei, daß Ihr Baby zu Beginn am besten mit einer Konsistenz zurechtkommt, die der von flüssigem Joghurt entspricht. Im Lauf der Wochen kann der Brei dann allmählich dicker werden. Eine weitere Möglichkeit besteht darin, die Babymahlzeit parallel zum Familienessen zuzubereiten: Wenn Sie Gemüse für das Mittagessen garen, können Sie eine kleine, ungewürzte Portion für das Baby abzweigen und im Mixbecher pürieren.

Besondere Utensilien

Eine Auflistung nützlicher Küchengeräte finden Sie auf Seite 14. Die ersten Kostproben fester Nahrung kann Ihr Baby noch von Ihrer Fingerkuppe naschen. Hat es sich bereits ein wenig an diese Art von Essen gewöhnt, verwenden Sie am besten Babylöffel und -schälchen aus Kunststoff. Diese Löffel sind an allen Seiten abgerundet und damit ungefährlich für den zarten Gaumen. Achten Sie außerdem darauf, daß der Löffel nicht zu tief ist. Ein Schälchen mit Haltegriff ist ebenfalls sehr nützlich. Schützen Sie die Kleidung mit einem Lätzchen.

Ideale Speisen

◆ Süsse Äpfel ◆ Birnen ◆ Papaya ◆ Bananen ◆ Avocados ◆ Brokkoli ◆ Karotten ◆ Kartoffeln ◆ Süsskartoffeln ◆ Butternusskürbis (siehe Seite 26/27)

Zu beachten

◆ Waschen Sie immer Ihre Hände, bevor Sie das Essen für Ihr Baby zubereiten. Waschen Sie vor dem Füttern auch die Hände des Babys.

◆ Um Breie zu verdünnen, so daß sie der Konsistenz von flüssigem Joghurt entsprechen, verwenden Sie am besten abgekochtes Leitungswasser, Kochflüssigkeit oder die dem Baby vertraute Milch.

◆ Verwenden Sie kein Mineralwasser aus der Flasche, da dies nicht steril ist und häufig auch zuviel Natrium enthält.

◆ Babyflaschen und -löffel sollten in den ersten 12 Monaten sterilisiert, Schälchen 10 Minuten in kochendem Wasser oder im Geschirrspüler gereinigt werden (siehe Seite 19).

Das erste Essgeschirr

Beginnen Sie mit einem Teelöffel Brei in der Konsistenz von flüssigem Joghurt.

Ihr Baby lernt essen

Suchen Sie sich zum Füttern einen ruhigen Zeitpunkt aus, in dem keine Störungen zu erwarten sind. Diese Zeit sollten Sie nach Möglichkeit immer beibehalten (etwa mittags), um einen gewissen Rhythmus zu finden. Wenn Sie Ihrem Kind zuerst die Hälfte der gewohnten Menge Milch geben, ist es nicht ganz so hungrig und unruhig.

Prüfen Sie die Temperatur

Das Essen sollte Zimmertemperatur haben oder lauwarm sein. Bei Verwendung eines Mikrowellenherdes sollten Sie darauf achten, daß es durch und durch heiß ist. Lassen Sie es dann abkühlen, und rühren Sie alles gut durch. Prüfen Sie die Temperatur, bevor Sie das Baby füttern.

So finden Sie die richtige Menge

Jedes Kind hat andere Bedürfnisse. Wenn Ihr Baby anfangs ein bis zwei Teelöffel Brei ißt, geben Sie noch einen Teelöffel (15 ml) oder einen Eiswürfel zu. Steigern Sie die Mengen allmählich, und füttern Sie so lange, bis das Interesse Ihres Kindes nachläßt. Wenn es von der festen Nahrung genug hat, geben Sie die zweite Hälfte der Milchnahrung.

Lassen Sie sich Zeit

Selbst wenn Ihr Baby von Anfang an gern feste Nahrung mag, wird es eine Weile dauern, bis es die Kunst des Schluckens beherrscht. Wenn Sie selbst entspannt sind und sich auf das Tempo Ihres Kindes einstellen, wird es die Mahlzeit als angenehm empfinden. Achten Sie darauf, daß das Baby nicht übermüdet oder unruhig ist. Ermuntern Sie es durch gutes Zureden, und sorgen Sie für eine bequeme Sitzposition, sei es in einer Wippe oder auf Ihrem Schoß. Signalisieren Sie durch Lächeln und Augenkontakt, daß es sich um etwas Positives handelt.

Erste Erfahrungen mit dem Essen
Wenn Sie einen ruhigen Zeitpunkt für die ersten Mahlzeiten wählen, wird Ihr Baby sich geborgen und sicher fühlen. Stützen Sie seinen Oberkörper ab, so daß es leichter schlucken kann.

Neuer Geschmack

Waschen Sie sich vor dem Füttern sorgfältig die Hände, und prüfen Sie mit dem Finger die Temperatur. Ist sie richtig, lassen Sie Ihr Baby am Finger lecken, um es langsam an den neuen Geschmack zu gewöhnen. Der Finger ist vertraut und läßt das erste »feste« Essen nicht ganz so ungewohnt erscheinen. Dann können Sie es mit dem Löffel versuchen.

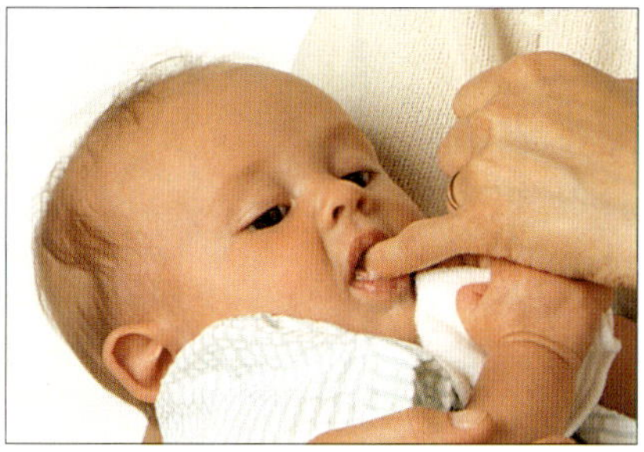

1 Lassen Sie Ihr Baby zuerst von Ihrem sorgfältig gewaschenen Finger probieren.

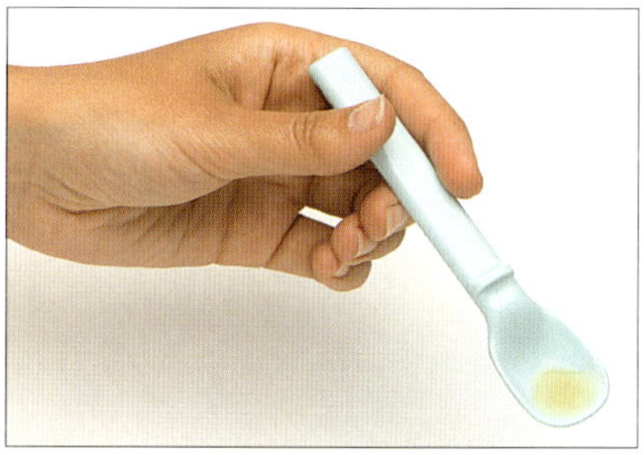

2 Nehmen Sie etwas Brei auf die Spitze eines weichen flachen Babylöffels. Ist die Menge zu groß, wird Ihr Baby es wieder ausspucken.

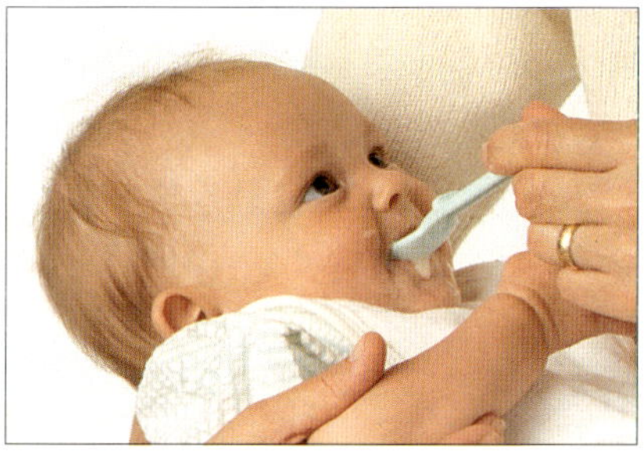

3 Schieben Sie den Löffel zwischen seine Lippen, und lassen Sie es daran saugen. Wird der Brei ausgespuckt, versuchen Sie es erneut.

Zu beachten

- Verzichten Sie bei Babynahrung auf Salz, Zucker oder Honig. Salz kann die noch nicht voll entwickelten Nieren überlasten und zu Dehydrierung führen, Zucker und Honig fördern die Vorliebe für Süßigkeiten.
- Prüfen Sie immer die Temperatur. Tiefgekühlte Speisen müssen erst aufgekocht und anschließend wieder abgekühlt werden.
- Wärmen Sie das gleiche Gericht nicht mehrmals auf. Entnehmen Sie nur kleine Mengen, und lassen Sie den Rest im Tiefkühlfach.
- Verwenden Sie für die Breie nur Fertigmilch, Muttermilch oder abgekochtes Leitungswasser.
- Heben Sie keine halb aufgegessenen Portionen auf.

Wenn Ihr Baby nicht essen will

Ihr Baby ist kein Einzelfall, wenn es nicht sofort beim ersten Versuch die feste Nahrung akzeptiert. Haben Sie Geduld, versuchen Sie es am nächsten Tag wieder. Zu Beginn bieten Sie die feste Nahrung nur an, um Ihr Kind mit verschiedenen Speisen bekannt zu machen. Sie sollten aber auf keinen Fall die übliche Milchmahlzeit reduzieren, denn andere Lebensmittel können in dieser Phase noch keinen adäquaten Ersatz bieten. Verweigert Ihr Baby einen bestimmten Brei, können Sie ihn mit einer vertrauten oder neutralen Zutat vermischen, wie etwa Muttermilch, Babyreis oder zerdrückter Kartoffel. Hilft das auch nicht, bieten Sie diesen Brei vorerst besser nicht mehr an und versuchen es zu einem späteren Zeitpunkt noch einmal. Mit dem Abstillen gehen nicht selten Unregelmäßigkeiten einher. An manchen Tagen wird Ihr Baby die feste Nahrung zurückweisen und nur die vertraute Milchmahlzeit akzeptieren. Keine Angst, eine kurze Pause von der festen Nahrung schadet Ihrem Kind nicht. Versuchen Sie es nach ein paar Tagen erneut, oder machen Sie den Brei flüssiger, so daß er leichter zu schlucken ist. Wenn Ihr Baby nach wie vor genügend Nährstoffe über die Milch erhält und kontinuierlich zunimmt, ist es bestens versorgt.

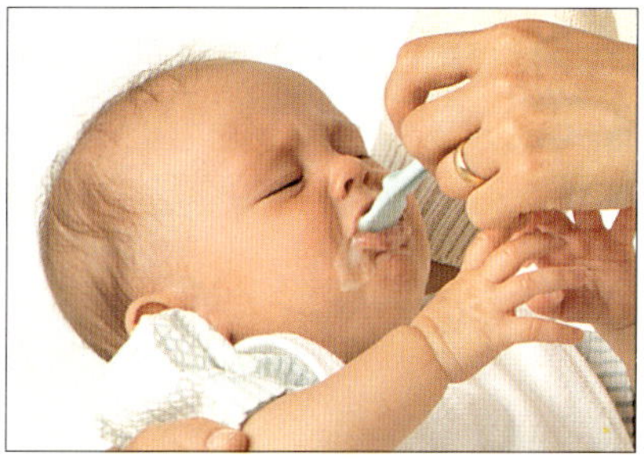

Lassen Sie sich Zeit
Achten Sie auf die Signale Ihres Kindes. Es wird eine Weile dauern, bis es sich an die feste Nahrung gewöhnt hat, aber langsam werden Sie beide immer sicherer.

Die ersten Breie

Die allerersten Mahlzeiten sollten leicht verdaulich sein und das Baby sanft an neue Geschmacksrichtungen und Konsistenzen heranführen. Vielleicht mag Ihr Kind von Anfang an schon den relativ intensiven Geschmack von Süßkartoffeln, Pastinaken oder Karotten, oder es bevorzugt zunächst den eher vertrauten Geschmack von Babyreis oder mildem Kartoffelbrei. Die ersten Breie sollten ziemlich dünn und ganz glatt sein – ähnlich wie flüssiger Joghurt – und nur aus einer oder zwei Zutaten bestehen.

Babyreis

Babyreis ist besonders weich, oft mit Mineralstoffen und Eisen angereichert und kann mit abgekochtem Leitungswasser oder Muttermilch vermischt werden. Er ist leicht verdaulich und dank seines milchigen Geschmacks der ideale Einstieg in die Festnahrung. Nehmen Sie eine ungezuckerte Sorte, und bereiten Sie den Reis laut Anweisung zu.

Kartoffelbrei

Dank ihres milden Geschmacks ist die Kartoffel für die ersten Eßversuche ein bestens geeignetes Lebensmittel. Verwenden Sie vorzugsweise mehlige Sorten. Zur Herstellung von Brei sollten Sie die Kartoffel durch ein Sieb drücken, denn im Mixer wird sie meist zäh (siehe »Der erste Gemüsebrei«, Seite 28).

Karottenbrei

Karotten eignen sich, wie die meisten Wurzelgemüse, gut für Brei und schmecken von Natur aus süß, was die meisten Babys gern mögen. Nach dem Kochen werden sie mit einem Teelöffel Kochflüssigkeit oder der normalen Babymilch zu einem sämigen Brei püriert (siehe »Der erste Gemüsebrei«, Seite 28.)

Brokkoli-Kartoffelbrei

Brokkoli liefert eine Menge wichtiger Vitamine und läßt sich nach kurzer Kochzeit gut pürieren. Da manche Babys aber den intensiven Geschmack nicht so schätzen, kombiniert man ihn am besten mit zerdrückter Kartoffel (siehe links) oder Babyreis (Rezepte Seite 30).

GEEIGNETE LEBENSMITTEL

 Junge ZUCCHINI ergeben einen feinen Brei, der für ganz kleine Babys zusätzlich noch durch ein Sieb gestrichen werden kann.	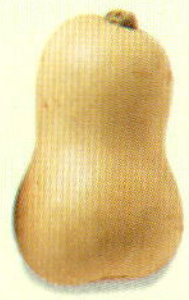 Der BUTTERNUSSKÜRBIS liefert Vitamin A. Er kann gekocht werden, doch seine Süße kommt durch Backen besser zur Geltung.	 Die CANTALOUPE-MELONE enthält mehr Vitamin A und C, die Galia-Melone ist dafür süßer.
 Babys mögen den süßen Geschmack der PASTINAKE. Nach dem Pürieren sollte der Brei nochmals durch ein Sieb gestrichen werden.	 Das orangefarbene Fruchtfleisch der SÜSSKARTOFFEL enthält viel Beta-Karotin und ergibt einen süßen, sämigen Brei.	 Voll ausgereifte PAPAYAS braucht man nicht zu kochen; sie werden pur oder mit etwas Mutter- oder Fertigmilch püriert oder zerdrückt.

BIRNENBREI

Süße, reife Birnen werden in etwas Wasser weichgekocht und dann püriert. Wenn Ihr Baby fünf Monate alt ist, können Sie die Früchte, ohne sie vorher zu kochen, auch roh pürieren, vorausgesetzt natürlich, sie sind voll ausgereift und saftig (siehe »Der erste Obstbrei«, Seite 29).

APFELBREI

Milde Apfelsorten ergeben feines Mus. Hat sich Ihr Baby an den Geschmack gewöhnt, kann das Mus auch mit anderen Früchten kombiniert werden. Einen cremigen Brei erhalten Sie durch Zugabe von Babyreis oder für Babys geeignetem Joghurt (siehe »Der erste Obstbrei«, Seite 29).

BANANENBREI

Mit einer zerdrückten vollreifen Banane haben Sie im Nu eine fertige Mahlzeit, durch Zugabe von Mutter- oder Fertigmilch wird der Brei etwas glatter. Wenn Sie die Banane ein paar Sekunden in der Mikrowelle erhitzen, läßt sie sich noch leichter zerdrücken (siehe »Der erste Obstbrei«, Seite 29).

BABYREIS MIT GETROCKNETEN APRIKOSEN

Getrocknete Aprikosen enthalten viel Beta-Karotin und Eisen. Kochen Sie die eßfertigen Aprikosen, und streichen Sie diese durch ein Sieb, um die Haut zu entfernen. Es ist ratsam, das Mus mit Babyreis vermischt zu pürieren (siehe »Getrocknete Aprikosen«, Seite 31).

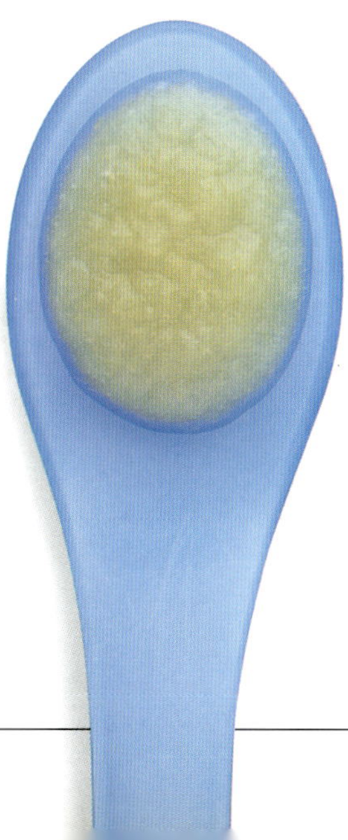

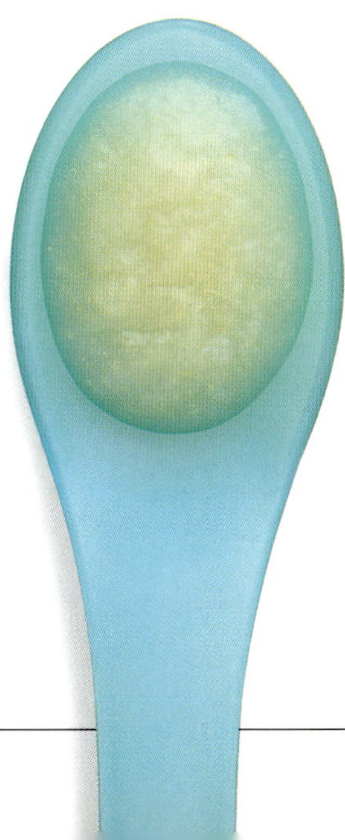

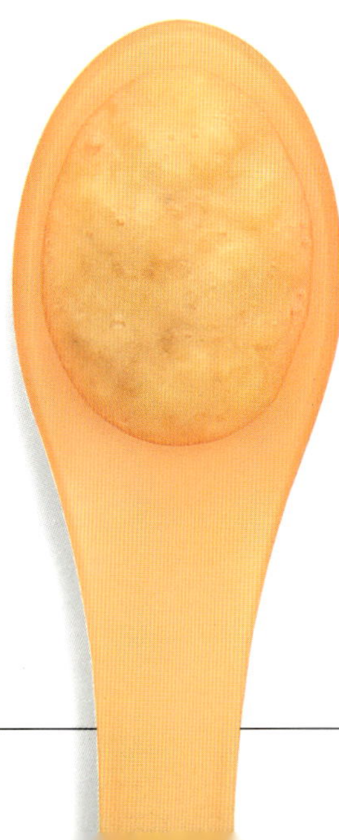

Der erste Gemüsebrei

250 g geschälte Karotten oder mehlige Kartoffeln (oder beides)

Die ersten Gerichte sollten mild im Geschmack, leicht verdaulich und sämig sein und nichts enthalten, was eine Allergie auslösen könnte. Ein bis zwei Wochen lang sollten Sie immer nur eine Zutat nehmen, danach können Sie Mischungen unterschiedlicher Wurzelgemüse ausprobieren (siehe Seite 22–25).

1 Karotten oder Kartoffeln in kleine Stücke schneiden und ca. 15 Minuten weich dämpfen. Wahlweise können Sie das Gemüse auch in einen kleinen Topf geben, mit Wasser bedecken und zugedeckt ca. 15 Minuten garen, bis es weich ist.

2 Pürieren Sie das Gemüse mit etwas Flüssigkeit, die Sie vom Kochen zurückbehalten haben (siehe Seite 16).

3 Füllen Sie eine kleine Portion in den Babyteller, und servieren Sie den Brei lauwarm. Der Rest wird auf einen sterilisierten Eiswürfelbehälter verteilt und eingefroren (siehe Seite 18).

Variante

Bereiten Sie andere Wurzelgemüse, wie zum Beispiel Pastinaken oder Steckrüben, auf die gleiche Weise zu.

Vorbereitungszeit/Garzeit
5 Minuten / 15 Minuten

Ergibt 8 Portionen

Zum Einfrieren geeignet

Abbildung Seite 26

Tips

Die Flüssigkeitsmenge hängt ganz davon ab, wie Ihr Baby mit dem Schlucken zurechtkommt. Im allgemeinen sollte die Konsistenz des Breis in etwa flüssigem Joghurt entsprechen.

Bearbeiten Sie Kartoffeln oder Süßkartoffeln nicht mit dem Mixer oder Pürierstab, da der Brei dann zäh und klebrig wird. Verwenden Sie besser ein Handpassiergerät oder ein Sieb.

Sämiger Gemüsebrei

1 EL mit Vitaminen und Eisen angereicherter Babyreis

3 EL Fertigmilch oder Muttermilch

4 EL Erster Gemüsebrei (siehe oben)

Geschmacksintensive Wurzelgemüse wie Pastinake oder Karotte werden etwas milder, wenn man Sie mit Babyreis vermischt. Babyreis paßt auch gut zu gedämpftem und püriertem Brokkoli oder Blumenkohl.

1 Babyreis und Milch vermischen, nach Anweisung zubereiten und gut mit dem Gemüsebrei verrühren.

2 Eine kleine Portion in den Babyteller füllen und lauwarm servieren. Den Rest auf einen sterilisierten Eiswürfelbehälter verteilen und einfrieren (siehe Seite 18).

Vorbereitungszeit/Garzeit
5 Minuten / 2 Minuten

Ergibt 6 Portionen

Zum Einfrieren geeignet

Der erste Obstbrei

2 mittelgroße milde Äpfel oder reife Birnen, geschält und entkernt

1–2 EL Wasser

Nehmen Sie für Babykost nur voll ausgereifte, süße Früchte. Dieser Brei ist meist etwas dünner als der Gemüsebrei. Apfel- und Birnenmus kann man auch gut mischen.

1 Schneiden Sie das Obst in kleine, gleich große Stücke, und kochen Sie es in einem geschlossenen Topf mit Wasser bei niedriger Hitze weich (Äpfel ca. 10, Birnen ca. 4 Minuten).

2 Pürieren Sie das Obst mit etwas Kochflüssigkeit zu einem glatten Brei. Bei Bedarf können Sie abgekochtes Leitungswasser zum Verdünnen verwenden (siehe Seite 16).

3 Füllen Sie eine kleine Portion in den Babyteller, und servieren Sie den Brei lauwarm. Den Rest auf einen sterilisierten Eiswürfelbehälter verteilen und einfrieren (siehe Seite 18).

VARIANTE

Eine rohe Banane oder eine halbe Papaya zerdrücken und mit ca. 2 Eßlöffeln Mutter- oder Fertigmilch verrühren. Diese Breis eignen sich nicht zum Einfrieren.

Vorbereitungszeit/Garzeit
5 Minuten / 5–10 Minuten

Ergibt 6 Portionen

Zum Einfrieren geeignet

Abbildung Seite 27

TIP

Für die allerersten Breie muß jedes Obst, mit Ausnahme von Banane, Papaya und Avocado, gegart werden. Ab 5 Monaten können Sie Pfirsiche, Mango, Pflaumen und Melonen roh anbieten, sofern sie reif und saftig sind.

Babyreis mit Obst

1 EL ungezuckerter, mit Vitaminen und Eisen angereicherter Babyreis

3 EL Fertigmilch oder Muttermilch

4 EL Obstbrei (siehe oben)

Babyreis ist leicht verdaulich und schmeckt nach Milch, was Ihrem Kind den Übergang von reiner Milchnahrung zu fester Nahrung erleichtert. Sie können ihn pur oder mit einem Brei anbieten.

1 Mischen Sie Babyreis und Milch nach Anweisung, und rühren Sie das Obstmus unter. Damit erhält der Brei eine leicht cremige Konsistenz.

2 Füllen Sie eine kleine Portion in den Babyteller, und servieren Sie den Brei lauwarm. Den Rest auf einen sterilisierten Eiswürfelbehälter verteilen und einfrieren (siehe Seite 18).

Vorbereitungszeit/Garzeit
5 Minuten / 2 Minuten

Ergibt 6 Portionen

Zum Einfrieren geeignet

Einfache Gemüsebreie

* Diese Rezepte eignen sich nicht zum Einfrieren.

Zucchini

Kartoffel

Zucchini

Zucchini kann pur verwendet oder auch mit Karotten- oder Kartoffelbrei kombiniert werden (siehe »Der erste Gemüsebrei«, Seite 28). Ergibt 8 Portionen.

250 g Zucchini in Scheiben schneiden, im Dampftopf in ca. 12 Minuten weich kochen oder in einem kleinen Kochtopf in Wasser ca. 6 Minuten garen. Pürieren und bei Bedarf passieren.

Butternusskürbis

Süsskartoffel

Butternuss- oder Gartenkürbis

Kürbis enthält viel Beta-Karotin und paßt gut zu Apfel-, Birnen- oder Pfirisichbrei (siehe »Der erste Obstbrei«, Seite 29). Ergibt 8 Portionen.

Einen Butternußkürbis (ca. 500 g) oder ein Stück Gartenkürbis von Schale und Kernen befreien und in kleine Stücke schneiden. Wie auf Seite 28 (»Der erste Gemüsebrei«) beschrieben garen und pürieren, bei Bedarf etwas Kochflüssigkeit zugeben. Als Variante können Sie den Kürbis halbieren, sämtliche Kerne entfernen, mit flüssiger Butter bestrichen in Folie verpacken und im vorgeheizten Backofen bei 180 °C/Gas Stufe 4 ca. 1 1/2 Stunden backen.

Süsskartoffel

Das orangefarbene Fleisch der Süßkartoffel enthält reichlich Beta-Karotin. Es paßt gut zu Apfel-, Birnen- oder Pfirsichmus (siehe »Der erste Obstbrei«, Seite 29). Ergibt 8 Portionen.

300 g Süßkartoffeln bürsten, abtrocknen und mit einer Gabel einstechen. Im vorgeheizten Ofen bei 200 °C/Gas Stufe 6 45–40 Minuten backen. Das Fleisch von der Schale lösen und mit 1–2 Eßlöffel Fertig- oder Muttermilch zerdrücken. Sie können die Süßkartoffel aber auch nach dem Rezept »Der erste Gemüsebrei« auf Seite 28 zubereiten.

Blumenkohl

Brokkoli

Blumenkohl oder Brokkoli

Blumenkohl und Brokkoli schmecken sehr intensiv und passen gut zu Kartoffelbrei (siehe »Der erster Gemüsebrei«, Seite 28) oder Babyreis. Ergibt 6 Portionen.

250 g kleine Blumenkohl- oder Brokkoliröschen ca. 10 Minuten über Dampf garen, abgießen und pürieren.

EINFACHE OBSTBREIE

GALIA-MELONE

HONIGMELONE

MELONE*

Melonenmus ist sehr erfrischend und paßt gut zu zerdrückter Banane oder Avocado. Am süßesten ist in der Regel die Galia-Melone. Ergibt 1 Portion.

Ein schmales Stück Melone von den Kernen befreien und aus der Schale lösen, das grüne Fleisch am Rand nicht mitverwenden. Zu einem beliebig dicken Brei pürieren.

PFIRSICH ODER NEKTARINE*

Frische reife Pfirsiche kann man pur zu Brei verarbeiten oder mit Babyreis, Banane oder Birne mischen (siehe »Der erste Obstbrei«, Seite 29). Sie eignen sich für Babys ab 5 Monaten. Ergibt 2 Portionen.

Einen reifen Pfirsich oder eine reife Nektarine am Stielende über Kreuz einritzen und 1 Minute in kochendes Wasser tauchen. Dann häuten und das Fruchtfleisch in kleine Stücke schneiden. Im Mixer pürieren. (Reife Pfirsiche, Nektarinen, Pflaumen und Mangos kann man roh verwenden.)

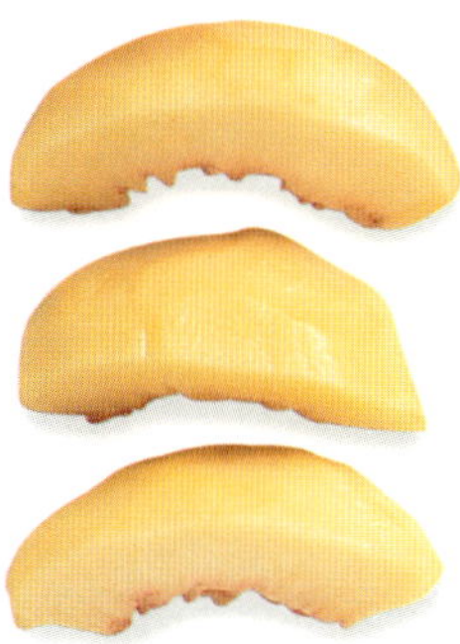

NEKTARINE

GETROCKNETE APRIKOSEN

GETROCKNETE APRIKOSEN

Getrocknete Aprikosen sind nährstoffreich und eine gute Alternative, wenn das Angebot an frischen Früchten eingeschränkt ist. Sie eignen sich gut zum Kombinieren mit Babyreis, Apfelmus oder Pfirsichbrei (siehe »Der erste Obstbrei«, Seite 29). Ergibt 4 Portionen.

Eine Handvoll Aprikosen in wenig Wasser ca. 10 Minuten weich dünsten und pürieren. Geben Sie so viel von der Kochflüssigkeit zu, daß eine cremige Masse entsteht. Streichen Sie diese durch ein Passiergerät oder ein Haarsieb, um die faserigen Teile zu entfernen.

AVOCADO

PAPAYA

AVOCADO*

Avocados sind äußerst nahrhaft, und ihr butterähnlicher Geschmack ist bei Babys sehr beliebt. Sie lassen sich gut mit Papaya, Birne oder Banane kombinieren. Nehmen Sie ein weiche, reife Frucht, und bereiten Sie sie unmittelbar vor dem Füttern zu (um eine Verfärbung des Fruchtfleisches zu vermeiden). Ergibt 1 Portion.

Eine Avocado halbieren, den Kern herausnehmen und eine Hälfte mit der Gabel zerdrücken, wahlweise mit 2 Eßlöffeln Mutter- oder Fertigmilch pürieren.

6-9 Monate

Hat sich Ihr Baby erst einmal an einfache Breie gewöhnt, können Sie zu gewagteren Kombinationen übergehen. Nun ist die Zeit reif, um intensivere Geschmacksnoten und festere Speisen einzuführen. Mit dem richtigen »Material« kann Ihr Kind auch schon mal üben, allein zu essen. Der Speiseplan sollte schrittweise dem in dieser Phase enormen Wachstum angepasst werden und auf neue Bedürfnisse eingehen.

Neue Geschmacksnoten

Zwischen sechs und neun Monaten entwickelt sich Ihr Kind in Riesenschritten und hat bereits viel längere Wachphasen. Nun ist ein guter Zeitpunkt, das bereits bekannte Spektrum an Geschmacksnoten zu erweitern. Da für Ihr Kind alles neu ist, wird es mit großem Interesse auf Änderungen reagieren. Feste Nahrung sollte nun auf dem täglichen Speiseplan nicht mehr fehlen.

Der Brei ist nicht mehr alles

Kauen will gelernt sein

Kein Kind entwickelt sich nach einem festen Zeitplan, doch in der Regel erscheint der erste Zahn (ein vorderer Schneidezahn) mit 6–7 Monaten, die weiteren Schneidezähne folgen in den nächsten 5 Monaten. Mit dem Durchbrechen der Zähne können Sie »mehr Biß« in die Mahlzeiten bringen. Ihr Baby wird am Anfang vor allem mit dem Zahnfleisch kauen und kann mit zerdrückten oder ganz klein geschnittenen Speisen gut üben. Wenn Sie die feinen Breie zu lange füttern, besteht die Gefahr, daß das Kind schließlich keine Lust mehr zum Kauen hat und nicht lernt, beim Essen die Zunge richtig einzusetzen. Werden größere Stücke nicht gleich akzeptiert, können Sie übergangsweise zerdrückte oder geriebene Bestandteile in den gewohnten Brei mischen oder eine Leibspeise etwas dicker belassen. Beweisen Sie Mut zum Kombinieren, und haben Sie keine Scheu, süße Zutaten mit pikanten zu mischen. Obst mit Gemüse, Fisch oder Fleisch kommt bei Babys oft unerwartet gut an.

Der Schritt zur Kuhmilch

Zum Kochen und als Beigabe zu den Frühstücksflocken können Sie nun Kuhmilch verwenden, doch Fertig- oder Muttermilch sollte das wichtigste Getränk Ihres Babys bleiben, da diese eine Reihe von Nährstoffen enthalten, die der Kuhmilch fehlen, wie zum Beispiel Eisen und Vitamin D. Eisen ist ganz besonders wichtig. Waren die bei der Geburt vorhandenen Eisenreserven für die ersten 6 Monate ausreichend, muß dieses Spurenelement nun über das Essen aufgenommen werden. Folgemilch mit höherem Eisengehalt als die normalen Fertigmilchnahrungen eignen sich für Kinder von 6 Monaten bis zu 2 Jahren. Allerdings sollten Sie nicht vor dem 7. Monat gegeben werden, da sie relativ schwer zu verdauen sind. Bis zu einem Jahr sollten Babys täglich mindestens 400 ml Milch trinken, den Großteil davon in Form von Mutter- oder Fertigmilch. Allerdings ist es nicht ganz einfach, die exakte Menge der aufgenommenen Milch festzustellen, vor allem, wenn man noch stillt. Ein Teil des Milchbedarfs kann aber auch durch Milchprodukte wie Joghurt oder Käse gedeckt werden. Wenn Sie weiterhin stillen, wird der Durst Ihres Kindes mit der Vormilch in ausreichendem Maß gelöscht. Bekommt Ihr Kind Fertigmilch, braucht es möglicherweise zusätzlich etwas abgekochtes und wieder erkaltetes Leitungswasser.

Kauübungen
Ein Stück gerösteter Vollkorntoast eignet sich dafür hervorragend.

NEUE SPEISEN FÜR IHR BABY

Brot und Getreideflocken, darunter Vollkornbrot, Zwieback, nur leicht gezuckerte Vollkorn-Frühstücksflocken (Porridge, warmer Haferbrei) sind nun zu empfehlen. Vermeiden Sie zu ballaststoffreiche Kost wie Brot mit hohem Kleieanteil, um den Verdauungsappart Ihres Babys nicht zu überfordern.

Milchprodukte wie pasteurisierter Vollmilchjoghurt, Hütten-, Schmelz- und milde Hartkäse (Cheddar und Edamer) sind ausgezeichnete nährstoffreiche Lebensmittel. Fettarme Produkte wie kalorienreduzierte Brotaufstriche sind ungeeignet, weil sie nicht die für das Wachstum Ihres Babys nötige Energie liefern.

Mit **Eiern**, hartgekocht oder in Form von Omelettes, Spiegel- oder Rührei, erhält man in kürzester Zeit nahrhafte Gerichte. Babys unter 1 Jahr sollten wegen des Risikos einer Salmonellenvergiftung keine rohen oder weich gekochten Eier essen. Eiweiß und Eigelb müssen so lange gegart werden, bis sie fest sind.

Fischfilet von Merlan, Scholle, Kabeljau oder Lachs kann zusammen mit Kartoffeln oder Zucchini zu einem Brei verarbeitet oder mit selbstgemachter Käsesauce vermischt werden. Dosensardinen enthalten reichlich Eisen und essentielle Fettsäuren. Entfernen Sie vor dem Servieren sorgfältig alle Gräten.

Rotes Fleisch, zum Beispiel mageres Rinder- oder Lammhack, kann zusammen mit gedünsteten Zwiebeln, Kartoffeln oder Pilzen im Mixer zerkleinert werden. Leber aus kontrollierter Aufzucht ist ein wertvoller Eisenlieferant und leicht verdaulich. Gedünstetes Lamm-, Schweine- oder Rindfleisch eignet sich gut als Brei.

Hähnchen ist wegen des milden Geschmacks bei Babys und Kleinkindern besonders beliebt. Bringen Sie es kleingehackt oder püriert, gebraten oder gekocht auf den Tisch. Dazu passen Wurzelgemüse wie Kartoffeln oder Karotten und Früchte wie Äpfel, Trauben, Mango oder Papaya.

Gemüsesorten wie Zwiebel, Lauch, Kohl, Grünkohl, grüne Bohnen, Spinat und andere grüne Blattgemüse, rote Paprika, Tomaten, Gemüsemais, Erbsen und Pilze erweitern das Spektrum ganz beträchtlich. Tiefkühlgemüse enthält genauso viele Nährstoffe wie frisches.

Früchte wie Mangos, Trauben (geschält, entkernt und halbiert), Zitrusfrüchte und Beeren bereichern nun den Speiseplan. Entfernen Sie bei Zitrusfrüchten die Häute und bei Beeren die Kerne. Beeren sollten ohnehin nur in kleineren Mengen verzehrt werden.

Bohnen und Hülsenfrüchte bilden eine ideale Basis für nahrhafte Fleischbreie, sind aber auch wichtig für vegetarisch ernährte Babys. Linsen und getrocknete Hülsenfrüchte enthalten viel Eiweiß und Eisen. Tofu (Sojabohnenquark) ist eine gute Alternative zu Fleisch.

Das Baby am Familientisch

Sobald Ihr Baby Kopf und Oberkörper gerade halten kann, darf es im Hochstuhl sitzen. Solange der Rücken abgestützt ist, wird es sich sicher fühlen und Gefallen daran finden, höher zu sitzen. Bringen Sie einen Sicherheitsbügel am Hochstuhl an, plazieren Sie ihn nicht an der Wand, und legen Sie ein Wachstuch darunter, dann können Sie nach dem Essen leichter sauber machen. Am einfachsten gewöhnt sich Ihr Baby an das Sitzen im Stuhl, an Lätzchen und Ablage, wenn Sie es dort erst einmal mit den Lieblingsspielsachen hantieren lassen. Beim Füttern darf es selbst auch einen Plastiklöffel halten. Trinkt es seine Milch aus der Flasche, sollte es diese im Hochstuhl bekommen, und zwar vor der festen Mahlzeit. Wenn Sie es auf diese Weise ans Essen heranführen, wird es bald Spaß daran haben.

Ihr Kind will nicht essen

Da diese Art zu essen eine völlig neue Erfahrung ist, wird das Baby die Nahrung verweigern, indem es bei jedem Versuch den Kopf wegdreht. Lassen Sie sich davon nicht entmutigen. Bringen Sie Ihr Kind behutsam dazu, selbst zu essen, auch wenn es dabei chaotisch zugeht. Die Koordination zwischen Augen und Händen wird sich kontinuierlich verbessern.

Gemeinsam essen

Auch wenn Ihr Baby gerade erst mit fester Nahrung anfängt und häufiger am Tag etwas bekommt als die älteren Familienmitglieder, sollte es bei den Hauptmahlzeiten so oft wie möglich im Hochstuhl mit am Tisch sitzen. Es lernt dabei, daß die Mahlzeiten nicht nur dem Füllen des Magens dienen, sondern auch der Geselligkeit. Sie können zum Beispiel Babyreis oder Frühstücksflocken am Morgen anbieten, ein pikantes Gericht mit Obst oder Käse als Abschluß am Mittag und ein paar Kleinigkeiten, die mit der Hand gegessen werden, zur Milch am Abend.

GEMEINSAM ESSEN
Ihr Baby nimmt nun bei den Mahlzeiten 2–3 Eßlöffel feste Nahrung zu sich. Auch wenn das Essen ohne Ihre Hilfe nicht an seinen Bestimmungsort gelangt, sollten Sie Ihr Kind durchaus zu eigenen Eßversuchen ermutigen.

Trinken zu den Mahlzeiten

Da feste Nahrung nun allmählich einen Teil der täglichen Milchmenge ersetzt, möchte das Baby vielleicht zwischendurch Wasser gegen den Durst trinken. Zu Beginn sollten Sie das Leitungswasser noch abkochen und auf gesüßte Fruchtsäfte oder Kräutertees verzichten. Getränke, die Zucker oder künstliche Süßstoffe enthalten, sind für Babys und Kleinkinder ungeeignet, ebenso Tee und Kaffee, weil sie die Eisenverwertung beeinträchtigen und stimulierend wirken. Verdünnter Orangensaft dagegen liefert viel Vitamin C und kann von Zeit zu Zeit angeboten werden. Nun ist auch der richtige Zeitpunkt, einen Becher oder eine Babytasse einzuführen. Diese sind mit unterschiedlichen Deckeln erhältlich. Sinnvoll ist eine Variante, mit der das Baby den gewohnten Saugmechanismus anwenden kann. Biegsame Sauger können durch härtere und kürzere ersetzt werden, wenn das Baby ungefähr 8–9 Monate alt ist. Es wird nach wie vor den Großteil der benötigten Flüssigkeit in Form der gewohnten Milch aufnehmen und einen kleineren Teil durch die Breie. Aber wenn ein Becher mit Wasser am Tisch steht, kann es trinken, wann und wieviel es mag.

Vegetarische Mahlzeiten

Eltern, die sich vegetarisch ernähren, machen sich vielleicht Sorgen, daß diese Art der Ernährung für ihr Kind nicht geeignet sein könnte. Schwere, ballaststoffreiche vegetarische Kost ist in der Tat nichts für Kleinkinder in starken Wachstumsphasen, weil sie zu wenige Kalorien und essentielle Fette enthält und sich zudem negativ auf die Verwertung von Eisen im Körper auswirkt. Doch solange man für Ausgewogenheit im täglichen Speiseplan sorgt, spricht nichts gegen vegetarische Ernährung von Kleinkindern. Tierisches Eiweiß einschließlich jenem in Eiern und Milchprodukten ist qualitativ hochwertig und enthält viele lebensnotwendige Aminosäuren. Pflanzliches Eiweiß aus Bohnen, Hülsenfrüchten und Kernen besitzt geringere Wertigkeit und sollte deshalb in Kombination oder mit Eiern und Milchprodukten gegeben werden. Eine gute Kombination ist zum Beispiel Linsenpüree mit geriebenem Käse. Hülsenfrüchte wie Bohnen und Linsen, Sojaprodukte und Käse können Sie ab 6 Monaten anbieten. Nötig wird die zusätzliche Eiweißversorgung durch diese Speisen aber erst ab 9 Monaten, bis dahin wird der Bedarf durch Mutter- oder Fertigmilch ausreichend gedeckt. Vegetarisches Essen enthält manchmal nicht genügend Eisen, doch Produkte mit viel Vitamin C fördern die Verwertung von Eisen im Körper. Bieten Sie allmählich Vitamin-C-reiche Getränke zum Essen an. Wenn Sie bei Ihrem Baby vegane Ernährung anstreben (das heißt ohne Milchprodukte und Eier), sollten Sie große Sorgfalt auf den Speiseplan verwenden.

Zu beachten

- **Lassen Sie** Ihr Baby nie allein essen. Im Hochstuhl sollte es immer mit einem Bügel, der fest mit dem Stuhl verbunden ist, gesichert werden.
- **Zwingen Sie** Ihr Baby nie, etwas zu essen, was ihm nicht schmeckt, oder den Teller ganz leer zu essen. Nehmen Sie auf seinen Appetit Rücksicht.
- **Lassen Sie** Ihr Baby auch selbst essen. Sie sind gut beraten, wenn Sie den Hochstuhl nicht in Reichweite einer Wand stellen und den Boden mit einer Plastikdecke schützen.
- **Essen Sie** so oft wie möglich gemeinsam. Machen Sie die Mahlzeiten von Anfang an zum kommunikativen Erlebnis.
- **Geben Sie Kindern** keinen Tee oder Kaffee, weil dies die Eisenverwertung beeinträchtigt. Auch ballaststoffreiche Flocken wirken sich negativ aus.

Mit den Fingern essen
Wenn Ihr Baby zu greifen beginnt, ist alles willkommen, was sich mit den Fingern essen läßt: gedünstetes Gemüse, reifes Obst oder Käsestückchen.

Neue Eßerlebnisse

IST IHR BABY MIT DEN EINFACHEN BREIEN GUT VERTRAUT, können Sie es allmählich mit einem breiteren Spektrum an Geschmacksnoten und Konsistenzen bekannt machen. Wenn es schon gut kauen kann, ist die Zeit gekommen, auch einmal mit den Fingern zu essen. Die Breie dürfen nun ruhig etwas dicker sein, und durch die Verwendung mehrerer Zutaten ergeben sich neue interessante Speisen. Scheuen Sie sich nicht, Süßes mit Pikantem zu kombinieren: Obst mit püriertem Hähnchen oder Fisch kommt bei vielen Babys gut an.

GLATTE BREIE

Der Übergang zu dickeren Breien sollte schrittweise erfolgen. Fügen Sie den bereits vertrauten Zutaten neue hinzu, bleiben Sie aber bei musiger Konsistenz, solange Ihr Baby noch nicht perfekt kauen und schlucken kann.

BREI AUS PFIRSICH, APFEL UND ERDBEEREN

Diesen Brei bereiten Sie am besten zu, wenn Pfirische Saison haben und weiche, gut ausgereifte Früchte angeboten werden. Wenn Sie Babyreis untermischen, ist der Geschmack etwas weniger intensiv. (Rezept Seite 41)

PAPAYA MIT HÜTTENKÄSE

Cremiger Hüttenkäse wird mit saftiger Papaya zu einem nahrhaften Obstbrei püriert. (Rezept Seite 40)

KARTOFFEL-LAUCH-ERBSENBREI

Diese Gemüsemischung ergibt mit frischer, ungesalzener Brühe einen milden Brei. (Rezept Seite 42)

Damit lernt Ihr Baby kauen

Produkte, die Ihr Baby in diesem Alter mit den Fingern essen kann, sind vielleicht nicht sehr nährstoffhaltig, eignen sich aber hervorragend, um Abbeißen und Kauen zu üben. Außerdem macht es den Kindern Spaß, ihr Essen selbst zu halten. Vollkorntoaststreifen, milder Hartkäse in handlichen Stücken und Kekse mit wenig Zucker sind hierfür ideal.

Milder Käse

Kekse

Vollkorntoast

Andere Konsistenz

Mit dem Durchbrechen der Zähne können Sie dazu übergehen, die Speisen mit der Gabel zu zerdrücken oder kleinzuschneiden. So gewöhnen Sie Ihr Baby ans Kauen. Mischen Sie zum Beispiel einige gröbere Stückchen unter den glatten Brei.

Tomaten-Blumenkohl-Gratin

Für die erste Bekanntschaft mit Blumenkohl bietet sich dieses pürierte Gratin an. Cheddar und Tomaten unterstreichen den Geschmack. (Rezept Seite 44)

Fisch mit Karotten und Orange

Dieser Brei mit frischem Fisch enthält eine Fülle wichtiger Nährstoffe. (Rezept Seite 46)

Der erste Hähnchentopf

Zarte Hähnchenbrust mit süßem Wurzelgemüse ist bei Babys beliebt. (Rezept Seite 47)

Schnelle Breie ohne Kochen

* Diese Rezepte eignen sich nicht zum Einfrieren.

Banane

Papaya

Pflaumen

Avocado-Papaya-Brei

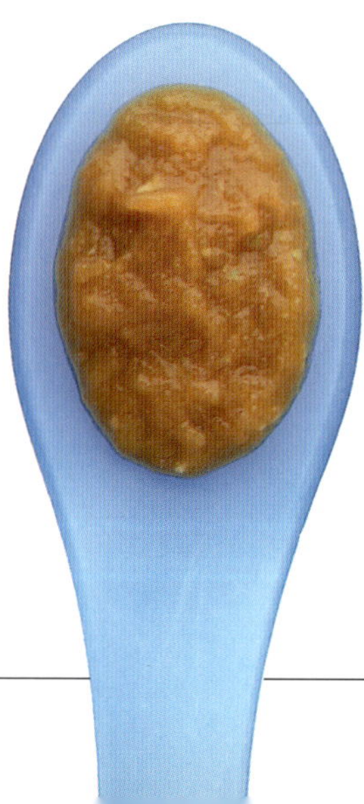

Eine ganze Menge von leckeren und nahrhaften Breien lassen sich sehr schnell ohne Kochen zubereiten. Die Mengenangaben gelten jeweils für 1 Portion.

Banane und Pfirsich*

Einen kleinen vollreifen Pfirsich häuten und entkernen (siehe Seite 31), dann eine Hälfte zusammen mit einer halben kleinen, vollreifen Banane pürieren. Reich an Ballaststoffen, Folsäure und Vitamin C.

Papaya mit Hüttenkäse oder Joghurt*

Eine reife Papaya halbieren, die Kerne entfernen und eine Hälfte mit 1 Eßlöffel durch ein Sieb gestrichenen Hüttenkäse oder griechischem Joghurt pürieren oder zerdrücken. (Abbildung Seite 38) Reich an Beta-Karotin, Eiweiß, Vitamin B_{12} und C.

Avocado mit Banane oder Papaya*

Eine viertel Avocado mit einer halben reifen Banane und 1–2 Eßlöffel Milch zerdrücken. Wenn Sie die Banane durch eine halbe Papaya ersetzen, erübrigt sich die Milch. Reich an Ballaststoffen, Folsäure und Vitamin B_{12}, C und E.

Pflaumen oder Aprikosen mit Birnen

Eine reife Aprikose oder Pflaume häuten. Die Frucht in Scheiben schneiden und mit einer geschälten, entkernten und kleingeschnittenen reifen Birne pürieren. Reich an Ballaststoffen und Vitamin C.

Mango und Banane*

Eine viertel Mango mit einer halben reifen Banane pürieren oder zerdrücken. Reich an Beta-Karotin und Vitamin C.

Papaya und Hähnchen

Eine kleine reife Papaya halbieren, die Kerne entfernen und eine Hälfte mit 30 g gekochtem Hähnchen pürieren. Reich an Beta-Karotin, Ballaststoffen, Eiweiß und B-Vitaminen.

Tip

Vergewissern Sie sich stets, daß die rohen Früchte für Ihr Baby immer voll ausgereift und süß sind.

Pfirsich

Avocado

Birne

Pflaumen-Birnen-Brei

Kompott aus Aprikose, Pfirsich, Birne und Apfel

3 eßfertige getrocknete oder frische Aprikosen

1 milder Apfel, geschält, entkernt und in Stücke geschnitten

1 Birne, geschält, entkernt und in Stücke geschnitten

1 großer reifer Pfirsich oder 1 Pflaume, gehäutet, entsteint und in Stücke geschnitten

Ein sämigeres Kompott erhalten Sie, wenn Sie 2 EL Babyreis mit 4 EL Milch verrühren und unter den Obstbrei mischen.

Das Obst mit etwas Wasser in einem Topf dünsten, bis es weich ist (8–10 Minuten), und zu einem beliebig dicken Brei pürieren.

Vorbereitungszeit/Garzeit
5 Minuten / 10 Minuten

Ergibt 4 Portionen

Nährwertinformation
Reich an Ballaststoffen und Vitamin C

Zum Einfrieren geeignet

Brei aus Apfel, Kiwi und Birne

1 milder Apfel, geschält, entkernt und in Stücke geschnitten

3 EL naturreiner Apfelsaft

1 reife Birne, geschält, entkernt und in Stücke geschnitten

1 reife Kiwi, geschält, entkernt und in Stücke geschnitten

Babyreis ist ideal, um die Konsistenz von Breien zu verändern, und darüber hinaus eine gute Basis zur Einführung neuer Geschmacksnoten.

1 Apfel und Apfelsaft in einem Topf zugedeckt ca. 8 Minuten sieden. Birne und Kiwi dazugeben und weitere 3–4 Minuten garen.

2 Zu einem Brei pürieren und durch ein Sieb streichen, um die Kerne der Kiwi zu entfernen. Den Babyreis unterrühren (muß nicht gekocht werden), solange der Brei noch warm ist.

Vorbereitungszeit/Garzeit
5 Minuten / 12 Minuten

Ergibt 4 Portionen

Nährwertinformation
Reich an Ballaststoffen und Vitamin C

Zum Einfrieren geeignet

Brei aus Pfirsich, Apfel und Erdbeeren

1 milder Apfel, geschält, entkernt und in Stücke geschnitten

1 goßer reifer Pfirsich, gehäutet, entsteint und in Würfel geschnitten

3 große Erdbeeren

Anmerkung
Empfindliche Babys reagieren auf Erdbeeren manchmal allergisch.

Dieser wohlschmeckende Obstbrei bietet sich besonders im Sommer an und paßt gut zu Babyreis, der mit etwas Milch oder Wasser angerührt wird.

Den Apfel in ungefähr 6 Minuten weich dämpfen, dann Pfirsich und Erdbeeren dazugeben und weitere 3 Minuten dämpfen. Alles zu einem glatten Brei pürieren.

Vorbereitungszeit/Garzeit
5 Minuten / 12 Minuten

Ergibt 4 Portionen

Nährwertinformation
Reich an Ballaststoffen und Vitamin C

Zum Einfrieren geeignet

Abbildung Seite 38

Saftiger Pfirsich-Trockenpflaumen-Brei

2 reife Pfirsiche, gehäutet, entkernt und in Würfel geschnitten

2 entsteinte Trockenpflaumen, klein geschnitten

1 EL Babyreis

Eine schmackhafte Kombination aus frischem und getrocknetem Obst, die wertvolle Ballaststoffe liefert.

Das Obst in einem kleinen Topf mit etwas Wasser 5 Minuten dünsten. Pürieren und nach Bedarf etwas von der Kochflüssigkeit zugeben. Durch ein Sieb streichen, um die harten faserigen Teile zu entfernen. Noch warm unter den Babyreis rühren.

Vorbereitungszeit/Garzeit
5 Minuten / 5 Minuten

Ergibt 2 Portionen

Nährwertinformation
Reich an Ballaststoffen und Vitamin C

Zum Einfrieren geeignet

Griessbrei mit getrockneten Aprikosen

60 g eßfertige getrocknete Aprikosen

1½ EL Grieß

175 ml Milch

Getrocknete Aprikosen passen hervorragend zu Grieß, beide sind hochwertige Nährstofflieferanten. Dieser Brei eignet sich ausgezeichnet fürs Frühstück.

1 Die Aprikosen in einem kleinen Topf knapp mit Wasser bedecken, zum Kochen bringen, dann die Hitze reduzieren und in ca. 8 Minuten weich garen (falls nötig, etwas Wasser nachgießen).

2 Den Grieß in einen Topf geben und bei mittlerer Hitze langsam die Milch einrühren. Zum Kochen bringen und unter Rühren ca. 3 Minuten quellen lassen. Die Aprikosen mit dem Grieß vermischen und pürieren.

Garzeit
12 Minuten

Ergibt 4 Portionen

Nährwertinformation
Reich an Beta-Karotin, Ballaststoffen und Vitamin B_{12}

Zum Einfrieren geeignet

Anmerkung

Grieß ist ein Weizenprodukt und deshalb nicht für Kinder geeignet, bei denen eine Glutenunverträglichkeit vorliegt oder vermutet wird.

Tip

Bei Verwendung tiefgefrorener Portionen muß der Brei nach dem Auftauen eventuell mit etwas Milch verdünnt werden.

Butternusskürbis mit Apfel

500 g Butternußkürbis oder Kürbis ohne Schale, entkernt und in Stücke geschnitten

1 milder Apfel, geschält, entkernt und in Stücke geschnitten

Eine Mischung aus Gemüse und Obst mögen Babys oft lieber als Gemüse pur. Der Apfel unterstreicht die natürliche Süße des Butternußkürbis.

Kürbis im Dämpfer ungefähr 7 Minuten garen. Dann den Apfel hinzufügen und weitere 10 Minuten kochen, bis alles ganz weich ist. Zu einem glatten Brei pürieren.

Variante

Den Apfel weglassen und gegarten Butternußkürbis mit einem großen saftigen, gehäuteten Pfirsich pürieren.

Vorbereitungszeit/Garzeit
5 Minuten / 17 Minuten

Ergibt 4 Portionen

Nährwertinformation
Reich an Beta-Karotin, Ballaststoffen, Folsäure und Vitamin C

Zum Einfrieren geeignet

Brei aus Kartoffeln, Lauch und Erbsen

30 g Butter

1 Stück Lauch, ca. 60–75 g (nur der weiße Teil), gewaschen und in Streifen geschnitten

250 g ungesalzene Hühnerbrühe (siehe Seite 46) oder Wasser

60 g tiefgefrorene Erbsen

Verwenden Sie für dieses Rezept nur frische, ungesalzene Brühe (als Fertigprodukt oder selbstgekocht). Der Brei verwandelt sich durch die Zugabe von mehr Brühe und einigen Gewürzen zu einer delikaten Suppe für die ganze Familie.

1 Die Butter in einem Topf zerlaufen lassen, Lauch dazugeben und in 5–6 Minuten goldgelb dünsten. Die Kartoffeln zugeben und mit der Brühe aufgießen. Zum Kochen bringen, dann die Hitze reduzieren und zugedeckt 10 Minuten garen.

2 Die gefrorenen Erbsen beifügen und weitere 6 Minuten kochen, so daß das Gemüse weich ist. Mit dem Handpassiergerät oder einem Sieb zu Brei verarbeiten.

Vorbereitungszeit/Garzeit
5 Minuten / 24 Minuten

Ergibt 4 Portionen

Nährwertinformation
Reich an Ballaststoffen, Folsäure, Vitamin A und C

Zum Einfrieren geeignet

Abbildung Seite 38

Wurzelgemüse-Dreierlei

175 g Karotten, gewürfelt

175 g Kartoffeln, gewürfelt

125 g Pastinaken oder Steckrüben, gewürfelt

TIP

Pürieren Sie das Gemüse nicht im Mixer oder mit dem Pürierstab, da gekochte Kartoffeln dabei zäh und klebrig werden.

Aufgrund ihrer natürlichen Süße sind Wurzelgemüse bei Babys meist sehr beliebt.

1 Gemüse in einen kleinen Kochtopf geben und knapp mit kochendem Wasser bedecken. Bei mittlerer Hitze ca. 20 Minuten garen, bis es weich ist. Wahlweise können Sie das Gemüse auch dämpfen.

2 Das weiche Gemüse mit ca. 125 ml Kochflüssigkeit zu einem Brei pürieren. Bei gedämpftem Gemüse die Flüssigkeit aus dem Dämpferuntersatz verwenden.

Vorbereitungszeit/Garzeit
5 Minuten / 21 Minuten

Ergibt 6 Portionen

Nährwertinformation
Reich an Beta-Karotin, Ballaststoffen, Folsäure und Vitamin C

Zum Einfrieren geeignet

Linsen-Gemüse-Brei

30 g Butter

125 g Lauch, in feine Streifen geschnitten

30 g Sellerie, gewürfelt

125 g Karotten, gewürfelt

60 g rote Linsen

250 g Süßkartoffeln, geschält und gewürfelt

1 Lorbeerblatt

475 ml ungesalzene Hühnerbrühe (siehe Seite 46) oder Wasser

Linsen enthalten viel Eiweiß, allerdings verursachen Sie bei manchen Babys Verdauungsprobleme.

1 Die Butter in einem Topf zerlaufen lassen, die Linsen dazugeben und 2–3 Minuten dünsten. Sellerie, Karotten und Linsen in den Topf geben und weitere 2 Minuten dünsten.

2 Die Süßkartoffeln und das Lorbeerblatt beifügen und mit Brühe oder Wasser aufgießen. Zum Kochen bringen, dann die Hitze reduzieren und zugedeckt ca. 30 Minuten garen; Gemüse und Linsen sollten weich sein. Das Lorbeerblatt entfernen. Für Babys von 6–8 Monaten pürieren, für ältere Babys so belassen.

Vorbereitungszeit/Garzeit
10 Minuten / 40 Minuten

Ergibt 8 Portionen

Nährwertinformation
Reich an Beta-Karotin, Ballaststoffen, Folsäure, Eiweiß und Vitamin C

Zum Einfrieren geeignet

Spinat, Kartoffeln, Pastinaken und Lauch

30 g Butter

1 Stange Lauch, nur der weiße Teil, in dünne Streifen geschnitten

250 g Kartoffeln, gewürfelt

125 g Pastinaken, gewürfelt

300 ml kochendheißes Wasser

125 g frischer Spinat, gewaschen und ohne die harten Stiele, oder 60 g tiefgefrorener Spinat

1 Butter in einem Topf zerlaufen lassen, Lauch zugeben und 2–3 Minuten dünsten. Kartoffeln und Pastinaken zugeben, 1 Minute mitdünsten, dann alles mit dem kochenden Wasser aufgießen. Zugedeckt 20 Minuten garen.

2 Die frischen Spinatblätter dazugeben und 3–4 Minuten mitkochen. Tiefgefrorenen Spinat in der Mikrowelle oder einem Topf nach Anweisung zubereiten; die überschüssige Flüssigkeit abgießen. Dann zum Gemüse geben und alles ca. 2 Minuten weitergaren.

3 Das Gemüse zu einem Brei verarbeiten und, falls nötig, noch mit etwas Wasser verdünnen.

Vorbereitungszeit/Garzeit
10 Minuten / 30 Minuten

Ergibt 6 Portionen

Nährwertinformation
Reich an Beta-Karotin, Ballaststoffen, Folsäure und Vitamin C

Zum Einfrieren geeignet

Süsskartoffeln, Karotten und Brokkoli

300 g Süßkartoffeln, geschält und gewürfelt

1 große Karotte, in Streifen geschnitten

125 g Brokkoliröschen

Versuchen Sie einmal, das Lieblingsgemüse Ihres Babys mit Gemüsearten zu kombinieren, die es vielleicht nicht so gern mag. In diesem Rezept schwächen Karotte und Süßkartoffel – bei Babys in der Regel sehr beliebt – den intensiven Geschmack des Brokkoli etwas ab.

1 Süßkartoffeln und Karotten 10 Minuten dämpfen. Die Brokkoliröschen hinzugeben und weitere 7 Minuten dämpfen, bis das Gemüse weich ist.

2 Alles mit 6–7 Eßlöffeln Flüssigkeit aus dem Untersatz des Dämpfers pürieren. Die Flüssigkeitsmenge richtet sich nach der gewünschten Dicke des Breis.

Vorbereitungszeit/Garzeit
5 Minuten / 18 Minuten

Ergibt 6 Portionen

Nährwertinformation
Reich an Beta-Karotin, Ballaststoffen, Folsäure und Vitamin C

Zum Einfrieren geeignet

Tomaten-Blumenkohl-Gratin

150 g Blumenkohl, in Röschen zerteilt

30 g Butter

250 g Tomaten, gehäutet, von den Kernen befreit und gewürfelt

30 g geriebener Cheddar

1 Die Blumenkohlröschen im Dampftopf ca. 12 Minuten garen.

2 In der Zwischenzeit die Butter in einem Topf erhitzen, die Tomaten zugeben und musig dünsten. Vom Herd nehmen, den Käse dazugeben und rühren, bis er geschmolzen ist. Den Blumenkohl mit der Tomaten-Käse-Sauce vermischen und pürieren.

Variante

Blumenkohl weich dämpfen und mit 3 Eßlöffeln Käsesauce (siehe Rezept Seite 71) pürieren, die Sauce jedoch nicht würzen.

Vorbereitungszeit/Garzeit
5 Minuten / 20 Minuten

Ergibt 4 Portionen

Nährwertinformation
Reich an Beta-Karotin, Folsäure, Eiweiß, Vitamin B_{12} und C

Zum Einfrieren geeignet

Abbildung Seite 39

Kabeljaufilet mit Gemüse-Dreierlei

125 g Kartoffeln, geschält und gewürfelt

125 g Karotten, in Streifen geschnitten

125 g Kabeljaufilet, ohne Haut

3 Pfefferkörner, 1 Lorbeerblatt und ein Zweig Petersilie

100 ml Milch

15 g Butter

1 Tomate, gehäutet, entkernt und gewürfelt

Ein mildes Gericht, das Ihr Baby behutsam an den Geschmack von Fisch heranführt.

1 Das Gemüse mit Wasser bedeckt in einem Topf zum Kochen bringen, dann die Hitze reduzieren und in ca. 20 Minuten weich kochen.

2 Währenddessen den Fisch zusammen mit den Pfefferkörnern, dem Lorbeerblatt und der Petersilie in einen Topf geben, die Milch darübergießen und ca. 5 Minuten dünsten, so daß er sich leicht zerteilen läßt. Die Milch abgießen und zur Seite stellen, die Gewürze herausnehmen.

3 Die Butter in einem Topf zerlaufen lassen, Tomaten zugeben und musig dünsten. Den Fisch mit einer Gabel zerteilen, dabei sorgfältig eventuell vorhandene Gräten entfernen. Das Gemüse abgießen, mit dem Fisch, dem Tomatenmus und 60 ml der Milch vermischen und zu einem Brei verarbeiten.

Vorbereitungszeit/Garzeit
10 Minuten / 25 Minuten

Ergibt 4 Portionen

Nährwertinformation
Reich an Beta-Karotin, Folsäure, Eiweiß, Vitamin B_{12} und C

Zum Einfrieren geeignet

Schollenfilet mit Lauch-Käse-Sauce

150 g Schollenfilet ohne Haut

3 Pfefferkörner, 1 Lorbeerblatt und ein Zweig Petersilie

175 ml Milch

30 g Butter

60 g Lauch, in feine Streifen geschnitten

1 EL Mehl

50 g geriebener Cheddar oder Edamer

Auch eine gute Variante, Ihr Baby mit Fisch bekanntzumachen. Statt des Lauchs können Sie Zucchini oder Spinat verwenden.

1 Den Fisch mit Pfeffer, Kräutern und der Milch zum Kochen bringen und zugedeckt ca. 5 Minuten garen. Die Milch abgießen und zur Seite stellen, die Gewürze herausnehmen. Den Fisch in Stücke teilen, dabei eventuell vorhandene Gräten entfernen.

2 In der Zwischenzeit die Butter in einem Topf zerlaufen lassen und den Lauch darin weich dünsten.

3 Zum Binden das Mehl unterrühren und 1 Minute weiterkochen. Langsam die Milch dazugießen, aufkochen und unter ständigem Rühren eindicken lassen. Die Sauce vom Herd nehmen, den Käse dazugeben und verrühren, bis er geschmolzen ist. Den Fisch mit der Lauch-Käse-Sauce pürieren.

Vorbereitungszeit/Garzeit
5 Minuten / 15 Minuten

Ergibt 4 Portionen

Nährwertinformation
Reich an Kalzium, Folsäure, Eiweiß, Vitamin A, B_6 und B_{12}

Zum Einfrieren geeignet

Fisch mit Karotten und Orange

175 g Karotten, in Streifen geschnitten
125 Kartoffeln, gewürfelt
175 g Schollenfilet
Saft einer Orange
60 g milder Cheddar, gerieben
etwas Butter

Ein sehr geschmacksintensives Gericht mit hohem Vitamin- und Kalziumgehalt. Das weiche Fleisch der Scholle ist auch für kleinere Babys gut geeignet.

1 Das Gemüse in einem Topf mit Wasser bedeckt oder im Dampftopf weich garen.

2 In der Zwischenzeit den Fisch in eine Gratinform legen und mit Orangensaft beträufeln. Dann mit Käse bestreuen und Butterflöckchen darauf verteilen. Abdecken (dabei eine kleine Öffnung freilassen) und 3 Minuten bei hoher Wattzahl in den Mikrowellenherd stellen. Oder mit Alufolie bedeckt 20 Minuten im vorgeheizten Backofen garen.

3 Den Fisch mit einer Gabel zerteilen und prüfen, ob alle Gräten entfernt sind. Das Gemüse zum Fisch geben und mit der vorhandenen Flüssigkeit zu einem Brei beliebiger Dicke pürieren.

Vorbereitungszeit/Garzeit
5 Minuten / 20 Minuten

Ofentemperatur
Mikrowelle: Backofen: 180 °C / Gas Stufe 4

Ergibt 6 Portionen

Nährwertinformation
Reich an Beta-Karotin, Kalzium, Folsäure, Eiweiß, Vitamin B_6 und B_{12}

Zum Einfrieren geeignet

Abbildung Seite 39

Grossmutters Hühnersuppe/Grundrezept Hühnerbrühe

1 großes Suppenhuhn mit Hühnerklein, in 8 Stücke aufgeteilt und entfettet oder 1 zerteiltes Brathähnchengerippe
2,5 l Wasser
2 große Zwiebeln, grob gewürfelt
3 große Karotten, grob geschnitten
2 Pastinaken, grob gewürfelt
2 Stangen Lauch, in Streifen geschnitten
1 Stange Sellerie
2 Zweige Petersilie
2 oder 3 Würfel Hühnerbrühe (nur für Babys ab 1 Jahr)

Ich verwende frische Hühnerbrühe als Basis für viele meiner Rezepte. Verfeinert mit Brühwürfeln und angereichert mit feinen Suppennudeln ergibt sich daraus eine hervorragende Suppe für die größeren Familienmitglieder.

1 Die rohen oder gekochten Geflügelteile in einem großen Topf mit Wasser bedeckt zum Kochen bringen. Den Schaum an der Oberfläche abschöpfen.

2 Alle Zutaten (inklusive der Brühwürfel, wenn Ihr Kind schon älter ist) dazugeben. Zugedeckt ungefähr 2 Stunden garen, im Bedarfsfall Wasser nachgießen. Dann die Geflügelteile herausnehmen. Wenn Sie ein Suppenhuhn verwenden, das Fleisch von den Knochen lösen und zur Seite stellen. Die Knochen wieder in den Topf legen und 1 Stunde weiterkochen.

3 Den Topf vom Herd nehmen und den Inhalt abkühlen lassen. Mindestens 4 Stunden oder besser über Nacht kühlstellen, dann das Fett an der Oberfläche entfernen.

4 Die Brühe durch ein Sieb in einen sauberen Topf oder eine Schüssel gießen. Aus dem gekochten Gemüse können Sie zusammen mit etwas Brühe und Hühnerfleisch gleich einen Brei zubereiten.

Vorbereitungszeit/Garzeit
10 Minuten plus 4 Stunden Kühlzeit / 2 Stunden

Ergibt 1,85 Liter

Zum Einfrieren geeignet

TIP
Wenn es schneller gehen soll, nehmen Sie das ausgelöste Gerippe eines Brathähnchens (Rest), das Hühnerklein, sofern vorhanden, und eventuell einen Markknochen vom Kalb (gibt kräftigeren Geschmack), den Sie sich vom Metzger besorgen.

Anmerkung
Verwenden Sie für Babys unter 1 Jahr keine Brühwürfel oder -pasten, da diese sehr viel Salz enthalten.

Der erste Hähnchentopf

1 EL Pflanzenöl
100 g Karotten, gewürfelt
60 g Lauch, nur der weiße Teil, in Streifen geschnitten
75 g Hähnchenbrust, in größere Stücke zerteilt
250 g Kartoffeln, gewürfelt
75 g Pastinaken, gewürfelt

Babys mögen Hähnchenfleisch wegen des milden Geschmacks. In diesem Rezept stelle ich Ihnen eine Kombination mit natürlich süßen Gemüsesorten vor. Die Wurzelgemüse tragen außerdem zu einer sämigen Konsistenz des Breis bei.

1 Das Öl in einer Pfanne erhitzen, Karotten und Lauch hinzufügen und ungefähr 6 Minuten weich dünsten. Das Hähnchenfleisch dazugeben und rundum anbraten.

2 Nun Kartoffeln und Pastinaken in die Pfanne geben und mit kochendem Wasser aufgießen. Zugedeckt ca. 15 Minuten garen; Gemüse und Fleisch sollten weich und gut durchgekocht sein. Pürieren oder für größere Babys so verwenden.

Vorbereitungszeit/Garzeit
10 Minuten / 22 Minuten

Ergibt 6 Portionen

Nährwertinformation
Reich an Beta-Karotin, Folsäure, Eiweiß und Vitamin A

Zum Einfrieren geeignet

Abbildung Seite 39

Pikantes Hackfleisch mit Steckrübe und Tomate

1/2 EL Pflanzenöl
30 g Zwiebeln, fein gehackt
125 g mageres Rinderhack
125 g Hühnerleber (vom Huhn aus biologischer Aufzucht; nach Belieben)
250 g Steckrübe, gewürfelt
2 Tomaten, gehäutet, entkernt und gewürfelt
250 ml ungesalzene Hühner- oder Fleischbrühe (Rezept Seite 46)

Auf diese Weise können Sie Ihr Baby mit Hackfleisch bekannt machen. Die Steckrübe sorgt für einen weichen und von Natur aus süßen Brei.

1 Das Öl in einer Bratpfanne erhitzen und die Zwiebeln darin andünsten. Hackfleisch und wahlweise Hühnerleber dazugeben und unter gelegentlichem Rühren anbraten, bis es eine braune Färbung annimmt.

2 Steckrübe und Tomaten zugeben, mit der Brühe aufgießen; wenn der Brei dicker sein soll, nicht die ganze Brühe verwenden. Zum Kochen bringen, dann die Hitze reduzieren und zugedeckt 30 Minuten garen. Zu einem Brei pürieren.

Vorbereitungszeit/Garzeit
10 Minuten / 40 Minuten

Ergibt 8 Portionen

Nährwertinformation
Reich an Folsäure, Eiweiß, Vitamin B_{12} und Zink

Zum Einfrieren geeignet

Rindfleisch mit Wurzelgemüsen

30 g Butter
125 g Lauch, in Streifen geschnitten
175 g mageres Rindfleisch zum Schmoren, gewürfelt
150 g Karotten, in Streifen geschnitten
125 g Pastinaken, gewürfelt
250 g Kartoffeln, gewürfelt
450 ml ungesalzene Fleisch- oder Hühnerbrühe (Rezept Seite 46)

Dieses Rezept ergibt einen glatten, besonders für kleinere Babys gut geeigneten Brei.

1 Butter in einem backofenfesten Topf erhitzen und den Lauch darin 5 Minuten andünsten. Wenn er weich ist, das Rindfleisch dazugeben und rundum anbraten, bis es braun ist.

2 Karotten, Pastinaken und Kartoffeln in den Topf geben, mit Brühe aufgießen und alles zum Kochen bringen.

3 Den Topf 1 1/2 bis 2 Stunden in den vorgeheizten Backofen stellen. Wenn das Fleisch weich ist, alles zu einem Brei pürieren.

Vorbereitungszeit/Garzeit
10 Minuten / 1 3/4–2 1/4 Stunden

Backofentemperatur
180 °C / Gas Stufe 4

Ergibt 10 Portionen

Nährwertinformation
Reich an Beta-Karotin, Folsäure, Niacin, Eiweiß, Vitamin B_1 und B_{12} sowie Zink

Zum Einfrieren geeignet

9-12 Monate

Feste Nahrung steht nun im Mittelpunkt des Speiseplans. Ihr Baby wird immer selbständiger und besteht bald darauf, allein zu essen. Auch im Kauen ist es inzwischen gewandter, so daß Sie die Breie allmählich durch kleingeschnittene oder zerdrückte Speisen ersetzen können. Die Rezepte aus den vorhergehenden Kapiteln können Sie natürlich – in veränderter Konsistenz – weiter verwenden.

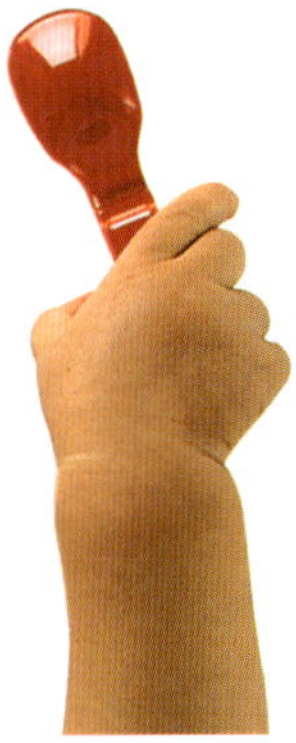

Der Appetit wird größer

BIS ZUM ENDE DES 1. LEBENSJAHRS wird Ihr Baby eine große Bandbreite an Lebensmitteln kennenlernen. Sein Interesse gilt nun weniger den Milchmahlzeiten als dem »Erwachsenenessen«. Die neue Selbständigkeit äußert sich im Wechsel vom passiven zum aktiven Esser, der sich lieber selbst füttern will. Auch wenn Sie das eher für eine Breischlacht halten, sollten Sie Ihr Kind nicht daran hindern, seine Nahrung auf eigene Faust zu erforschen.

Die Erforschung neuer Essenswelten

Ihr Baby wird nun in absehbarer Zeit täglich drei Hauptmahlzeiten zu sich nehmen, die sich in jeweils angemessenen Mengen aus Kohlenhydraten, pflanzlichem oder tierischem Eiweiß und Obst oder Gemüse zusammensetzen sollten. Es kommt auch schon mit gröberen Speisen zurecht (siehe Seite 54–55), denn die ersten Zähne sind schon da und erleichtern das Kauen (siehe Seite 52). Es kann mit den Fingern essen (siehe gegenüberliegende Seite) und auf diesem Weg die Energievorräte zwischen den Mahlzeiten mit gesunden Snacks oder Obststücken auffüllen. Mit Ausnahme von nicht ganz hart gekochten Eiern, Nüssen, Schaltieren, nicht pasteurisiertem oder Weichkäse und fettarmen oder sehr ballaststoffreichen Produkten kann Ihr Baby nun praktisch das gleiche essen wie der Rest der Familie. Wenn Sie die Babyportion nicht würzen, brauchen Sie in den meisten Fällen kein separates Gericht mehr einzuplanen.

MILCH IST NACH WIE VOR WICHTIG

Mit zunehmendem Appetit auf »richtiges« Essen wird Ihr Baby weniger Milch trinken, doch braucht es nach wie vor täglich 400 ml der gewohnten Mutter- oder Fertigmilch. Hat es bisher noch aus der Flasche getrunken, sollten Sie nun darauf bedacht sein, diese immer weniger zu benutzen und schließlich ganz wegzulegen. Bieten Sie die Milch in einem Becher oder einer Tasse an, und sparen Sie die beruhigende Flaschenmahlzeit für den Abend auf.

HYGIENE

Mit 10 Monaten wird Ihr Baby aktiv seine Umwelt erforschen. Da dies nicht selten durch »Erschmecken« aller erreichbaren Gegenstände erfolgt, macht es wenig Sinn, den Löffel zum Füttern zu sterilisieren. Flaschen, Sauger und Lernbecher sollten aber bis zu 1 Jahr sorgfältig ausgespült und sterilisiert werden. Waschen Sie dem Baby vor und nach dem Essen die Hände, da es mit ziemlicher Sicherheit die Finger ins Essen steckt oder etwas davon in die Hand nimmt.

MOTORISCHE FÄHIGKEITEN
Ihr Kind kommt nun schon mit größeren Happen zurecht und steckt sich zwischendurch selbst etwas vom Teller in den Mund.

Die neue Selbständigkeit

Ihr Baby lernt nun viele Dinge dazu: Rollen, Krabbeln, Sitzen und vielleicht auch schon Laufen. Die Muskeln sind kräftiger, und die Koordination funktioniert schon ganz gut, damit kann es sich unabhängiger bewegen. Die neue Freiheit, die mit der körperlichen Entwicklung einhergeht, macht dem Baby großen Spaß. Nun will es auch bei den Mahlzeiten die Initiative ergreifen, indem es allein ißt. Oft werden Kinder in dieser Phase unwillig, wenn man sie füttert, und akzeptieren nur noch ab und zu einen Löffel voll aus Elternhand. Der Schlafrhythmus pendelt sich ebenfalls zunehmend ein, so daß die Mahlzeiten ziemlich regelmäßig eingenommen werden.

Lassen Sie das Baby selbst essen

Ihr Baby braucht immer weniger Hilfe beim Essen und will früher oder später seinen Brei ganz alleine löffeln. Wenn Sie den Eindruck haben, daß der Großteil des Breis auf dem Boden oder dem Schoß des Kindes landet, können Sie das Zwei-Löffel-System anwenden: Einen Löffel geben Sie Ihrem Kind in die Hand, so daß es selbst üben kann, mit dem anderen übernehmen Sie einen Teil des Fütterns.

Mit den Fingern essen

Kleine Snacks, die es in der Hand halten kann, ermuntern Ihr Baby zum eigenständigen Essen und spielen eine wichtige Rolle im täglichen Speiseplan. Babys gefällt es, sich damit frei bewegen und ohne Hilfe von Erwachsenen essen zu können. Versuchen Sie es mit gedämpften oder rohen Gemüseteilen und einem kalten Dip oder mit dem Lieblingsbrei und Brotstückchen zum Eintunken. Geeignet ist alles, was fest genug ist, um in der Hand gehalten zu werden, aber so weich, daß Ihr Baby es gut kauen und schlucken kann. Auch wenn es schon Zähne hat, heißt das nicht, daß es diese automatisch richtig zum Kauen einsetzt. Kleinere Babys beißen oft ein Stück ab und verschlucken sich daran, weil Sie es ungekaut hinunterwürgen. Lassen Sie Ihr Kind deshalb nie unbeaufsichtigt essen.

Experimentieren

Je mehr Ihr Baby experimentieren darf, um so schneller wird es lernen, allein zu essen. Auch wenn am Anfang der größte Teil danebengeht, sollten Sie es nicht daran hindern oder sich um die guten Tischsitten sorgen. Wenn Sie zu verspannt an die Sache herangehen, wird sich dies auch auf Ihr Baby auswirken, und der Tisch wird bei jeder Mahlzeit unweigerlich zum Schlachtfeld.

Üben
Ein Teller mit Saugvorrichtung sorgt für sicheren Stand, während der kleine Esser angestrengt versucht, etwas auf seinen Löffel und in den Mund zu manövrieren.

Die Motorik ist schon gut entwickelt, bald kann es ganz allein essen.

Können
Kann es erst einmal den Löffel richtig halten, wächst auch sein Selbstvertrauen – es will sich jetzt auf keinen Fall mehr helfen lassen.

Das Zahnen

In den drei Monaten bis zum 1. Geburtstag bekommt Ihr Baby in der Regel mehrere neue Zähne. In dieser Phase ist es besonders wichtig, festere Speisen einzuplanen, da diese zum Kauen anregen. Kommen die Gemüsestückchen, die das Baby mit den Fingern essen kann, aus dem Kühlschrank, wirken sie angenehm beruhigend auf das Zahnfleisch. Was die Beeinträchtigung des Kindes durch das Zahnen betrifft, gehen die Meinungen weit auseinander, es ist allerdings anzunehmen, daß das Durchbrechen der ersten Zähne eine Belastung darstellt und sich auch auf das Eßverhalten auswirkt. Bevor ein Zahn aus dem Zahnfleisch heraustritt, ist meist eine harte, weißlich durchscheinende Stelle zu erkennen, und der Speichelfluß nimmt zu. Um zu vermeiden, daß Mund und Kinn zu sehr austrocknen und wund werden, können Sie diese Stellen vorbeugend mit etwas Vaseline einreiben. Manchmal ist das Zahnfleisch so empfindlich, daß das Baby den Löffel verweigert und lieber etwas Festeres mit den Fingern ißt.

Mit Gel gefüllter Beissring

Gemüsestäbchen

Den wunden Gaumen kühlen
Bieten Sie Ihrem Kind im Eisfach gekühlte Gurken- oder Karottenstangen an, oder geben Sie ihm einen vorher im Kühlschrank aufbewahrten Beißring.

Zahnhygiene

Sobald die ersten Zähne erscheinen, sollten Sie mit dem Zähneputzen beginnen – mindestens zweimal täglich, morgens und vor dem Schlafengehen. Gestalten Sie es so, daß Ihr Baby Spaß daran hat, etwa indem es seine eigene Zahnbürste halten darf, während Sie selbst sich die Zähne putzen. Beugen Sie sich hinunter, und demonstrieren Sie, wie Sie es machen, damit ermutigen Sie das Kind zu eigenen Versuchen. Natürlich ist dabei kein großer Erfolg zu erwarten, aber es ist ein Anfang.

Hilfreich beim Zahnen
Oft essen zahnende Babys lieber festere Speisen aus der Hand als Brei mit dem Löffel. Lassen Sie Ihr Kind aber nie allein auf etwas herumkauen, die Gefahr, daß es an einem kleinen Stückchen ersticken könnte, ist noch immer groß.

Kariesprophylaxe

In der Regel bieten eine milde fluorhaltige Zahnpasta (spezielle Produkte für Kinder enthalten etwas weniger Fluor) und ausgewogene Ernährung ausreichenden Schutz für die Zähne. Verzichten Sie auf Zahnpasta mit ausgefallenen Geschmacksnoten – Ihr Kind hat auf lange Sicht mehr davon, wenn es zwischen dem Geschmack von Kaugummi und normaler Zahnpasta unterscheiden kann. Karies läßt sich auch vorbeugen, indem man in der Flasche grundsätzlich nur Wasser oder Milch anbietet und keine zucker- oder säurehaltigen Getränke. Selbst die Milch enthält eine Form von Zucker, die sich schädlich auf die Zähne auswirken kann, wenn diese nie geputzt werden. Nach dem Zähneputzen am Abend sollten Sie Ihrem Baby keine süßen Getränke oder Speisen mehr geben.

Eisen ist wichtig

Der natürliche Eisenvorrat eines Babys reicht für die ersten 6 Lebensmonate aus, danach muß die Versorgung über die Nahrung erfolgen. Eisenmangel ist weltweit eines der häufigsten Ernährungsprobleme.

Eisenmangel

Da die Symptome oft nicht so deutlich ausgeprägt sind wie etwa bei einer Infektionskrankheit, ist Eisenmangel oft nicht auf Anhieb zu erkennen. Fehlen Anzeichen wie Blässe, Antriebslosigkeit und dauernde Müdigkeit, führt unerkannter Eisenmangel zu Anämie und diese wiederum zu Energiemangel. Man kann dieses Problem jedoch schnell beseitigen oder ihm vorbeugen, wenn man regelmäßig eisenhaltige Lebensmittel in den Speiseplan aufnimmt.

Eisenlieferanten

Eisen aus Lebensmitteln tierischen Ursprungs, wie dunklem Fleisch (vor allem Leber), oder fettem Fisch (z. B. Lachs, Sardinen, Makrelen), kann vom Körper schneller verwertet werden als Eisen aus pflanzlichen Produkten. Dieser Nachteil läßt sich allerdings wettmachen, indem man einen pflanzlichen Eisenlieferanten zusammen mit einem Vitamin-C-reichen Lebensmittel in der gleichen Mahlzeit kombiniert. Ein Becher frischgepreßter Orangensaft, Kiwischeiben, rote Paprikastreifen oder Blumenkohlröschen enthalten viel Vitamin C und können ein Spinat- oder Linsengericht sinnvoll ergänzen. Dadurch wird das in letzteren enthaltene Eisen besser verwertet. Auch eiweißreiche Lebensmittel wirken sich positiv auf die Eisenverwertung aus. Gute Kombinationen, bei denen sich die Absorption von Eisen pflanzlichen Ursprungs um das Dreifache erhöht, sind Fisch, mageres rotes Fleisch oder Hühnchen mit grünem Blattgemüse oder Linsen.

Zu beachten

- Geben Sie Ihrem Baby noch keine Nüsse, rohe oder nicht ganz hart gekochte Eier, keinen pasteurisierten Käse und Schaltiere.
- Honig ist für Babys unter 1 Jahr nicht geeignet, da aufgrund der manchmal darin enthaltenen Bakterien die Gefahr einer Lebensmittelvergiftung besteht. Als Zusatz in Fertigprodukten ist er jedoch unbedenklich.
- Ermutigen Sie Ihr Baby, aus einer Tasse oder einem Becher zu trinken; geben Sie ihm nur Wasser, verdünnten Fruchtsaft oder Milch.
- Planen Sie Speisen ein, die sich mit den Fingern essen lassen. Das fördert die Kaupraxis.
- Sobald die ersten Zähne durchbrechen, sollten Sie beginnen, Ihrem Kind die Zähne zu putzen.
- Geben Sie Ihrem Baby keinen Tee oder Kaffee und keine Colagetränke.

Wertvolle Eisenlieferanten

Leber und rotes Fleisch

Eigelb (für Babys ganz hart kochen)

Fetter Fisch, frisch oder aus Dosen

Hülsenfrüchte wie Linsen und weiße Bohnen

Frühstücksflocken, mit Eisen angereichert

Brot und Zwieback

Grüne Blattgemüse wie Spinat und Kohl

Trockenfrüchte, vor allem Aprikosen

Abwechslung ist gefragt

BIS ZUM ERSTEN GEBURTSTAG ist ein Großteil der Milchmahlzeiten durch feste Nahrung ersetzt. Solange Ihr Baby neuen Speisen gegenüber noch aufgeschlossen ist, sollten Sie es unbedingt mit vielen verschiedenen Geschmacksrichtungen und Konsistenzen vertraut machen. Bieten Sie das Essen zerdrückt, in der ursprünglichen Form belassen, gerieben oder gewürfelt an – Sie werden staunen, was ein paar Zähne und kräftiges Zahnfleisch schaffen.

SCHNELLES HÄHNCHEN-COUSCOUS
Couscous, ein Produkt aus Weizengrieß, ist weich und mild und dadurch ideal für Babys. Es läßt sich schnell zubereiten und verträgt sich mit vielen Gemüse- und Obstsorten. (Rezept Seite 60)

STERNCHENNUDELN MIT KÄSE
Kleine Sternchen oder andere Formen eignen sich gut für die erste Bekanntschaft mit Nudeln. Hier werden Sie mit einer Tomatensauce gereicht, die ihre besondere Note durch Käse und Karotten erhält. (Rezept Seite 58)

Mit den Fingern essen

Dazu eignet sich alles, was fest genug ist, um in der Hand gehalten zu werden, und gleichzeitig so weich, daß es leicht zu kauen und zu schlucken ist. So lernt Ihr Baby, selbständig zu essen, allerdings sollte es dabei nie unbeaufsichtigt sein.

Gekühlte Gurkenstücke beruhigen das Zahnfleisch

Mit Toast in Form von Figuren wird das Kauen zum Spaß

Käse einmal in anderer Form

Weiches Pittabrot in Streifen und krosse Grissini

Süße, reife Apfelstückchen und Erdbeeren sind einfach mit den Fingern zu essen

Cremiger Avocado-Dip

Eine Mischung von buttrig weicher Avocado mit cremigem Frischkäse. Reichen Sie ihn wahlweise mit Stangen aus gedämpftem Gemüse, wie zum Beispiel Süßkartoffel, oder mit knackiger Rohkost, Käse und Brotstücken. (Rezept Seite 56)

Dip aus roter Paprika

Ein farbenprächtiger Dip aus roten Paprikaschoten, Tomaten und Frischkäse, der gut zu Rohkost paßt. Wenn Sie das Gemüse vorher eine Weile kühl stellen, wirkt es beruhigend auf gereiztes Zahnfleisch. (Rezept Seite 56)

Dip aus Himbeeren, Birne und Pfirsich

Frische, süße Früchte ergeben in Kombination mit cremig-mildem Naturjoghurt einen köstlichen Sommerdip. Dazu paßt rohes Obst. (Rezept Seite 57)

Cremiger Avocado-Dip mit Gemüsestangen

1 reife Avocado, halbiert und ohne Kern

60 g weicher Frischkäse

1 EL Schnittlauch

1 Tomate, gehäutet, entkernt und gewürfelt

GEDÄMPFTES GEMÜSE

Gemüsesorten wie Süßkartoffeln, Karotten, Kartoffeln und Pastinaken, gewaschen und geschält

Die Avocado ist unübertroffen in ihrem Gehalt an Eiweiß. Dieser Dip eignet sich auch als Füllung für Sandwiches; vermischen Sie ihn dazu mit geriebenem Käse oder gehackter Kresse.

1 Das Gemüse in Stangen oder andere Formen schneiden und ca. 8 Minuten dämpfen.

2 Das Avocadofleisch aus der Schale lösen, mit der Gabel zerdrücken und mit den übrigen Zutaten vermischen. (Für Erwachsene können Sie Zitronensaft, Gewürze, gehackte Korianderblätter und eventuell etwas fein gehackte Chilischote dazugeben.)

Vorbereitungszeit/Garzeit
10 Minuten / 8 Minuten

Ergibt 4 Portionen

Nährwertinformation
Reich an Folsäure, Vitamin A, C und E

Abbildung Seite 55

Dip aus roter Paprika mit Gemüsestangen

1 kleine rote Paprikaschote, halbiert und entkernt

1/2 EL Pflanzenöl

1 Schalotte, geschält und fein gehackt

1 reife Tomate, gehäutet, entkernt und gewürfelt

200 g Frischkäse

ROHES GEMÜSE

Gemüsesorten wie Karotten, Sellerie, Gurke, Paprika und Kohlrabi waschen und schälen

Das Gemüse zum Dippen schneiden Sie am besten in Stücke, die Ihr Kind gut in die Hand nehmen, aber nicht im Ganzen schlucken kann. Toast, Pittabrot oder milder Käse passen ebenfalls zu diesem Dip.

1 Die rote Paprikaschote unter den Grill legen, dann häuten und grob hacken.

2 In einer kleinen Bratpfanne das Öl erhitzen und die Schalotte darin andünsten. Die Paprikastücke mit der Schalotte, der Tomate und dem Frischkäse vermischen und zu einer glatten Creme pürieren.

3 Das rohe Gemüse in Streifen schneiden oder mit kleinen Backformen Figuren ausstechen.

Vorbereitungszeit/Garzeit
10 Minuten / 10 Minuten

Ergibt 4 Portionen

Nährwertinformation
Reich an Beta-Karotin, Vitamin B_{12} und C

Abbildung Seite 55

TIP

Ist Ihrem Baby rohes Gemüse zu hart, versuchen Sie es mit gedämpftem Blumenkohl oder Wurzelgemüse (siehe oben). Sie können dann die Garzeit schrittweise reduzieren.

Gemüsezweierlei

250 g Steckrübe, gewürfelt

125 g Pastinaken, gewürfelt

250 ml Milch

30 g geriebener Cheddar

Sie können wählen, ob Sie das Gemüse fein pürieren oder etwas gröber belassen wollen.

Gemüse zusammen mit der Milch in einem kleinen Topf zum Kochen bringen, 20 Minuten weich garen. Dann vom Herd nehmen und den Käse unterrühren, bis er geschmolzen ist. Nach Belieben zerdrücken.

Vorbereitungszeit/Garzeit
10 Minuten / 22 Minuten

Ergibt 4 Portionen

Nährwertinformation
Reich an Kalzium, Folsäure, Vitamin A, B_{12} und C

Zum Einfrieren geeignet

Baby-Fruchtmüsli

- *30 g Haferflocken*
- *30 g geröstete Weizenkeime*
- *1 getrocknete Aprikose oder Birne, gewürfelt*
- *1 EL Sultaninen*
- *150 ml weißer Trauben- oder Apfelsaft*
- *1/2 roter Apfel, gerieben*
- *3 Weintrauben, halbiert*

Haferflocken lassen den Blutzuckerspiegel nur langsam ansteigen und sorgen dadurch für einen länger anhaltenden Energieschub als andere Flocken.

1 Haferflocken, getrocknete Aprikosen, Sultaninen und Weizenkeime in eine Schüssel geben. Den Saft darübergießen und mindestens 2 Stunden quellen lassen (oder über Nacht).

2 Apfel und Weintrauben zu den gequollenen Flocken geben und pürieren.

Vorbereitungszeit/Garzeit
10 Minuten und
2–12 Stunden Einweichzeit

Ergibt 2 Portionen

Nährwertinformation
Reich an Ballaststoffen, Eisen, B-Vitaminen, Vitamin C und Zink

Apfel-Dattel-Porridge

- *1 milder Apfel, geschält, entkernt und gewürfelt*
- *50 g Datteln*
- *4 EL Wasser*
- *150 ml Milch*
- *15 g Haferflocken*

1 Apfel und Datteln mit dem Wasser in einem Topf bei mittlerer Hitze 5 Minuten kochen.

2 In der Zwischenzeit ebenfalls in einem Topf die Milch erhitzen, die Haferflocken einrühren, aufkochen und unter ständigem Rühren 3–4 Minuten leicht kochen, bis ein dicker Brei entstanden ist. Mit dem Obst vermischen und nach Belieben pürieren.

Vorbereitungszeit/Garzeit
2 Minuten / 12 Minuten

Ergibt 2 Portionen

Nährwertinformation
Reich an Kalzium, Folsäure und Vitamin B_{12}

Exotischer Obstsalat

- *1/2 Mango, geschält*
- *1/2 Papaya, geschält, 1 Kiwi*
- *2 Lychees, geschält*
- *Saft einer großen Orange*

Wenn Sie bei exotischen Früchten keine wirklich voll ausgereiften süßen Exemplare finden, nehmen Sie statt dessen lieber einen Pfirsich oder Erdbeeren.

Alles in kleine Würfel schneiden und mit dem Orangensaft vermischen.

Vorbereitungszeit
10 Minuten

Ergibt 4 Portionen

Nährwertinformation
Reich an Beta-Karotin und Vitamin C

Dip aus Himbeeren, Birne und Pfirsich

- *125 g Himbeeren*
- *2 reife Birnen, geschält, entkernt und gewürfelt*
- *1 Pfirsich, gehäutet, gewürfelt*
- *2 EL griechischer Joghurt*

Abbildung Seite 55

Ein Dip für den Sommer, wenn es süße, vollreife Himbeeren und Pfirsiche gibt. Gut ist auch eine Variante mit Babyreis oder zerdrückter Banane.

Die Früchte in einem kleinen Topf ca. 5 Minuten leicht kochen. Etwas abkühlen lassen, durch ein Sieb streichen und mit dem Joghurt vermischen.

Vorbereitungszeit/Garzeit
5 Minuten / 10 Minuten

Ergibt 4 Portionen

Nährwertinformation
Reich an Ballaststoffen, Folsäure und Vitamin C

Zum Einfrieren geeignet

Butternusskürbis mit Buchstabennudeln

300 g Butternußkürbis, geschält und gewürfelt
2–3 EL Buchstabennudeln
30 g Butter
1/2 EL gehackter Salbei

1 Butternußkürbis im Dampfkochtopf in ca. 15 Minuten weich garen. Mit 4–5 Eßlöffeln Wasser aus dem Untersatz des Dämpfers zu einem Brei pürieren.

2 Währenddessen in einem Topf Wasser zum Kochen bringen, die Nudeln darin ca. 5 Minuten kochen, abgießen. Die Butter in einem Topf zerlaufen lassen und darin den Salbei 1 Minute andünsten. Salbeibutter mit Kürbis und Nudeln vermischen.

Vorbereitungszeit/Garzeit
5 Minuten / 20 Minuten

Ergibt 4 Portionen

Nährwertinformation
Reich an Beta-Karotin, Folsäure und Vitamin C

Zum Einfrieren geeignet

Sternchennudeln mit Käse

125 g Karotten, in Streifen geschnitten
200 ml kochendes Wasser
30 g Butter
200 g Tomaten, gehäutet, entkernt und gewürfelt
50 g geriebener Cheddar
2 EL Sternchennudeln

Die kleinen Sternchen eignen sich gut zum Kennenlernen von Nudeln. Die meisten Babys mögen auch den süßen Geschmack von Karotten.

1 Die Karotten in einem kleinen Topf mit dem kochenden Wasser übergießen und in 15–20 Minuten weich kochen. In einem anderen Topf die Butter erhitzen und die Tomaten darin musig dünsten. Vom Herd nehmen und den Käse unterrühren, bis er ganz geschmolzen ist.

2 In der Zwischenzeit Wasser zum Kochen bringen, die Nudeln dazugeben, ca. 5 Minuten kochen und abgießen.

3 Die weichen Karotten mit Kochflüssigkeit und Tomaten-Käse-Sauce vermischen, zu einem Brei pürieren und die Nudeln hinzufügen.

Vorbereitungszeit/Garzeit
10 Minuten / 25 Minuten

Ergibt 4 Portionen

Nährwertinformation
Reich an Beta-Karotin, Kalzium, Folsäure, Eiweiß, Vitamin B_{12} und C

Zum Einfrieren geeignet

Abbildung Seite 54

Nudelsauce aus Tomaten und Mascarpone

1 EL Olivenöl
1 Schalotte, fein gehackt
1 Knoblauchzehe, gepreßt
400 g Dosentomaten, geschält
1 EL Tomatenmark
1 TL Balsamico-Essig
1/2 TL Zucker
1/2 TL gemischte Kräuter
3 EL Mascarpone

Mascarpone ist ein Frischkäse aus Italien. Die hier zubereitete Sauce paßt gut zu Nudeln, aber auch zu Hähnchen. Um sie auch für Erwachsene schmackhaft zu machen, können Sie mit der Schalotte und dem Knoblauch noch etwas fein gehackte Chilischote anbraten und am Ende alles mit Salz und frisch gemahlenem Pfeffer würzen.

1 In einem Topf das Öl erhitzen, Schalotte und Knoblauch 2 Minuten darin anbraten.

2 Die restlichen Zutaten außer dem Mascarpone hinzufügen und bei mittlerer Hitze ca. 15 Minuten kochen.

3 Die Sauce pürieren und den Mascarpone unterrühren.

Vorbereitungszeit/Garzeit
5 Minuten / 20 Minuten

Ergibt 4 Portionen

Nährwertinformation
Reich an Folsäure

Zum Einfrieren geeignet

Fischfilet mit Gemüse

15 g Butter

60 g Lauch, in feine Streifen geschnitten

125 g Karotten, gewürfelt

60 g Brokkoli, in kleine Röschen zerteilt

50 g frische oder tiefgefrorene Erbsen

150 g Filet von Kabeljau, Seehecht, Scholle oder Schellfisch

150 ml Milch

3 Pfefferkörner, 1 Lorbeerblatt und ein Zweig Petersilie

20 g Butter

1 EL Mehl

50 g geriebener Cheddar oder Edamer

Weißfisch mit Gemüse ist ein pikantes Gericht, das bei Babys meist gut ankommt.

1 Die Butter in einem kleinen Topf zerlassen, Lauch 2–3 Minuten andünsten. Karotten dazugeben, mit Wasser bedecken und 10 Minuten kochen. Nun den Brokkoli hinzufügen und weitere 5 Minuten kochen. Dann die Erbsen einrühren und wiederum 5 Minuten kochen, bis alles weich ist.

2 In der Zwischenzeit den Fisch mit Milch, Pfefferkörnern, Lorbeerblatt und Petersilie in einem kleinen Topf 5 Minuten dünsten. Wenn der Fisch gar ist, den Topf vom Herd nehmen und die Gewürze entfernen. Die Kochflüssigkeit zur Seite stellen.

3 Für die Sauce die Butter in einem Topf zerlaufen lassen, das Mehl einrühren und 1 Minute schmoren. Die Kochflüssigkeit vom Fisch allmählich dazugießen, aufkochen und rühren, bis die Sauce eingedickt ist. Vom Herd nehmen und den Käse unterrühren.

4 Das Gemüse abgießen und mit dem zerteilten Fisch und der Käsesauce vermischen. Für kleinere Babys zu einem Brei pürieren, für größere Babys reicht es, alles zu zerdrücken oder kleinzuschneiden, dazu muß das Gemüse allerdings ganz weich sein.

Vorbereitungszeit/Garzeit
10 Minuten / 35 Minuten

Ergibt 8 Portionen

Nährwertinformation
Reich an Beta-Karotin, Kalzium, Folsäure, Eiweiß, Vitamin B_6, B_{12} und C

Zum Einfrieren geeignet

Kabeljau mit Tomaten und Zucchini

- *150 g Kabeljaufilet, ohne Haut*
- *100 ml Milch*
- *30 g Butter*
- *1 Schalotte, gehackt*
- *90 g Zucchini, gewürfelt*
- *375 g Tomaten, gehäutet, entkernt und gewürfelt*
- *60 g geriebener Cheddar*

1 Den Fisch in einen kleinen Topf legen, mit Milch bedecken und vorsichtig ca. 6 Minuten pochieren.

2 In der Zwischenzeit die Butter in einem Topf zerlassen und die Schalotte weich dünsten. Die Tomaten dazugeben und weitere 5 Minuten dünsten, bis sie musig sind. Den Topf vom Herd nehmen und den Käse unterrühren, bis er geschmolzen ist.

3 Den Fisch vorsichtig zerteilen, dabei sorgfältig auf die Gräten achten, und unter die Tomaten-Zucchini-Sauce mischen. Für Babys, die noch keine kleinen Stücke essen, zu einem feineren Brei verarbeiten.

Vorbereitungszeit/Garzeit
10 Minuten / 20 Minuten

Ergibt 4 Portionen

Nährwertinformation
Reich an Beta-Karotin, Kalzium, Folsäure, Eiweiß, Vitamin B_6, B_{12} und C

Zum Einfrieren geeignet

Tip

Sie können den Kabeljau auch bei hoher Wattzahl 3 Minuten in der Mikrowelle garen.

Kalifornisches Hähnchen

- *50 g gekochtes Hähnchenfleisch*
- *1 Tomate, gehäutet, entkernt und gewürfelt*
- *30 g Avocado*
- *2 EL milder Naturjoghurt*
- *$1^{1}/_{2}$ EL geriebener Cheddar*

Aus den gleichen Zutaten können Sie für Ihr Baby schnell ein einfaches Gericht und für sich selbst einen Salat oder ein Sandwich zubereiten. Den Cheddar kann man durch Edamer ersetzen.

Das Hähnchen kleinschneiden und mit den restlichen Zutaten vermischen. Alles zu einem Brei in beliebiger Konsistenz pürieren.

Vorbereitungszeit
10 Minuten

Ergibt 1 Portion

Nährwertinformation
Reich an Kalzium, Folsäure, Eiweiß, Vitamin A, B-Vitaminen, Vitamin C und E sowie Zink

Schnelles Hähnchen-Couscous

- *20 g Butter*
- *60 g Lauch, fein geschnitten*
- *60 g Hähnchenfleisch, kleingeschnitten*
- *30 g Pastinaken, gewürfelt*
- *30 g Karotten, gewürfelt*
- *250 ml ungesalzene Hühnerbrühe (siehe Seite 46)*
- *100 g Couscous*

Statt des Hähnchenfleisches kann man auch Gemüse der Saison verwenden.

1 Die Butter in einem Topf zerlaufen lassen und den Lauch darin 5 Minuten dünsten. Das Fleisch dazugeben und weiterkochen, bis es fast durch ist.

2 In der Zwischenzeit Pastinaken und Karotten in einen Dampftopf oder einen Topf mit kochendem Wasser geben und ca. 10 Minuten weich kochen.

3 Die Brühe in einem Topf zum Kochen bringen. Couscous einrühren, vom Herd nehmen, zudecken und ca. 5 Minuten stehen lassen, bis die ganze Brühe aufgesaugt ist. Mit einer Gabel lockern und Fleisch und Gemüse untermischen.

Vorbereitungszeit/Garzeit
10 Minuten / 20 Minuten

Ergibt 4 Portionen

Nährwertinformation
Reich an Beta-Karotin, Folsäure, Eisen und Eiweiß

Abbildung Seite 54

Hähnchen mit Apfel und Karotten

15 g Butter

30 g Zwiebel, fein gehackt

75 g Hähnchen, ohne Haut und Knochen, gewürfelt

125 g Karotten, in Streifen geschnitten

1/2 milder Apfel, geschält, entkernt und gewürfelt

150 ml ungesalzene Hühnerbrühe (Rezept Seite 46)

Apfel und Hähnchenfleisch geben in diesem schnellen Gericht eine aparte Geschmacksnote.

1 Die Butter in einem Topf erhitzen und die Zwiebeln darin 3–4 Minuten anbraten. Das Hähnchen dazugeben und so lange braten, bis sich das Fleisch außen weiß gefärbt hat. Nun die Karotten hinzufügen und weitere 2 Minuten garen, dann die Apfelwürfel unterrühren und mit der Hühnerbrühe aufgießen.

2 Alles zum Kochen bringen, dann zugedeckt bei mittlerer Hitze ca. 15 Minuten gar kochen. Je nach Wunsch kleinschneiden oder pürieren.

Vorbereitungszeit/Garzeit
10 Minuten / 22 Minuten

Ergibt 4 Portionen

Nährwertinformation
Reich an Beta-Karotin, Niacin, Eiweiß und Vitamin B_6

Zum Einfrieren geeignet

Cremiges Hähnchen mit Brokkoli

100 g Brokkoli, in kleine Röschen zerteilt

125 g gekochtes Hähnchenfleisch, kleingeschnitten

Milde Käsesauce

30 g Butter

2 EL weißes Mehl

300 ml Milch

60 g geriebener Edamer oder anderer milder Käse

Wenn Sie unter dieses Gericht kleine gekochte Suppennudeln, wie zum Beispiel Sternchen, mischen, wird es noch nahrhafter.

1 Für die Käsesauce die Butter in einem kleinen Topf erhitzen, das Mehl einrühren und 1 Minute kochen. Langsam die Milch angießen, zum Kochen bringen und eindicken lassen. Nun vom Herd nehmen und den Käse unterrühren, bis er geschmolzen ist.

2 Währenddessen den Brokkoli im Dampftopf oder in der Mikrowelle garen. Käsesauce, Hähnchenfleisch und Brokkoli vermischen und mit dem Messer oder dem Mixer nicht zu fein zerkleinern.

Vorbereitungszeit/Garzeit
5 Minuten / 15 Minuten

Ergibt 4 Portionen

Nährwertinformation
Reich an Kalzium, Folsäure, Niacin, Eiweiß, Vitamin A, B_6, B_{12} und C

Zum Einfrieren geeignet

Tip

Wenn Ihr Baby kein Liebhaber von Käse ist, lassen Sie ihn weg, und würzen Sie die Sauce mit einer Prise Muskatnuß.

Sauce Bolognese für Babys

1 EL Pflanzenöl

30 g Zwiebel, fein gehackt

15 g Sellerie, fein gehackt

30 g Karotten, geraspelt

125 g mageres Rinderhack

1/2 TL Tomatenmark

2 Tomaten, gehäutet, entkernt und gewürfelt

100 ml ungesalzene Hühnerbrühe (Rezept Seite 46)

50 g Spaghetti

1 Das Öl in einem Topf heiß werden lassen, Zwiebel und Sellerie 3-4 Minuten andünsten. Die geraspelten Karotten hinzugeben und 2 Minuten mitdünsten.

2 Hackfleisch dazugeben und rundum bräunen. Dann Tomatenmark, Tomaten und Brühe einrühren. Alles zum Kochen bringen, die Hitze reduzieren und zugedeckt 10-15 Minuten kochen, bis das Fleisch gut durch ist.

3 In der Zwischenzeit Wasser zum Kochen bringen, die Spaghetti dazugeben und in ca. 10 Minuten weich kochen. Abgießen und kleinschneiden. Die Sauce Bolognese im Mixer zu einer sämigen Masse pürieren und dann mit den Nudeln vermischen.

Vorbereitungszeit/Garzeit
10 Minuten / 35 Minuten

Ergibt 6 Portionen

Nährwertinformation
Reich an Beta-Karotin, Folsäure, Niacin, Eiweiß, Vitamin B_{12} und Zink

Nur Sauce zum Einfrieren geeignet

Tip

Da Babys das faserige rote Fleisch manchmal ablehnen, empfehle ich, diese Sauce vor dem Servieren im Mixer zu pürieren.

12-18 Monate

Ihr Kind kennt nun schon eine grosse Auswahl an Lebensmitteln und lässt sich damit einfacher in die Familienmahlzeiten miteinbeziehen. Die Rezepte in diesem Kapitel sind bestens für Ihr Krabbelkind geeignet, werden aber auch den grösseren Familienmitgliedern schmecken. Und für die Zeit zwischen den Mahlzeiten ist ebenfalls gesorgt – mit vielen Vorschlägen für Snacks, die schnell für ausreichend Energie zwischendurch sorgen.

Sich ändernde Bedürfnisse

IHR KIND WIRD IMMER MOBILER und scheint über grenzenlose Energie zu verfügen. Sie können ihm nun eine große Bandbreite an Speisen anbieten und so eine altersgerechte Versorgung mit wichtigen Nährstoffen sicherstellen. Doch jedes Kind hat andere Bedürfnisse, während die einen unglaubliche Mengen vertilgen, genügen anderen erstaunlich kleine Portionen.

Ausgewogenheit ist das A und O

Es ist nicht ungewöhnlich, wenn Ihr Kind mit 12 Monaten ganz schön rundlich ist, das verliert sich wieder, sobald es zu laufen beginnt. Dann wird es zwischen den Mahlzeiten zusätzlich Energie auftanken müssen. Wenn Sie Ihrem Kind eine reiche Auswahl verschiedenster Snacks, wie zum Beispiel Obst, Käse oder selbstgebackenen Kuchen, anbieten, können Sie damit den Speiseplan sinnvoll ergänzen.

KINDGERECHTES ESSEN

Ihr Kind wird zwar jetzt zunehmend am Familientisch essen, doch hat es nach wie vor andere Bedürfnisse als ein Erwachsener. Kleinere Kinder brauchen ausreichend Kalorien, die für das richtige Wachstum von Muskeln, Körpergewebe und Knochen sorgen. Was Fett und Ballaststoffe betrifft, gelten für Kinder unter 5 Jahren ganz andere Empfehlungen als für Erwachsene. Aus ernährungswissenschaftlicher Sicht sollten Erwachsene und Kinder über 5 Jahren höchstens 30 Prozent des täglichen Kalorienbedarfs durch Fett decken, bei Kindern unter 2 Jahren – darin sind sich die Experten einig – sollte man jedoch auf keinen Fall Fett einsparen. Als effizientester Kalorienlieferant ist Fett für das enorme Wachstum in den ersten beiden Lebensjahren unerläßlich. Bekommt der Körper in dieser Phase nicht genügend Fett, muß er die Eiweißreserven angreifen. Außerdem ist Fett wichtig für die gesunde Entwicklung von Gehirn und Nervensystem. Geben Sie Ihrem Kind keine fettarmen Produkte wie entrahmte Milch, es sei denn, Ihr Arzt rät Ihnen ausdrücklich dazu. Ihr Kind braucht täglich 400 ml Milch; Mutter- oder Fertigmilch kann nun durch Kuhvollmilch ersetzt werden (siehe Seite 65). Zu ballaststoffreiche Kost ist allerdings immer noch nicht ratsam. Kleine Kinder haben kleine Mägen, Ballaststoffe sind aber magenfüllend, ohne die für dieses Alter ausreichende Kalorienmenge zu liefern, und sie können zudem die Verwertung lebenswichtiger Nährstoffe beeinträchtigen.

MILCH TRINKEN
Bieten Sie die Milch nicht mehr in der Flasche an, sondern in Becher oder Tasse. Aber es muß nicht immer Milch sein – Wasser ist ein besserer Durstlöscher.

Die tägliche Milchmenge

Wenn Ihr Kind kein großer Fan von Milch ist und Sie befürchten, es nehme nicht die empfohlene Menge von 400 ml täglich zu sich, können Sie unbemerkt etwas ins Essen schmuggeln. Joghurt, Frischkäse oder pasteurisierter Käse erfüllen den gleichen Zweck. Oder versuchen Sie es mit einem Milchshake (Seite 98), einer Käsesauce (Seite 71) als Beilage, unter Beigabe von reichlich Milch zerdrückten Kartoffeln oder halbfester Götterspeise mit einem Döschen Kondensmilch.

Milchprodukte

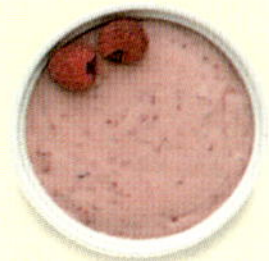

Frischkäse oder Joghurt

Käse in Scheiben oder gerieben auf Nudeln

Weisse Sauce zu Fisch oder Käsemakkaroni

Milchspeisen wie Milchreis

Gutes Milchspeiseeis

Obst- oder Schokoladen-Milchshakes

Richtiges Essen lernt man als Kind

Hört man auf den Rat von Ernährungswissenschaftlern, sollte man täglich fünfmal Obst oder Gemüse essen. Man beugt damit bestimmten Arten von Krebs- sowie Herzerkrankungen vor und nimmt immer eine ausgewogene Menge an Nährstoffen zu sich. Wenn Sie Ihr Baby schon jetzt an diesen Grundsatz gewöhnen, machen Sie es mit Ernährungsregeln vertraut, von denen es ein Leben lang profitieren wird.

Umsetzung in die Praxis

Es ist gar nicht so schwierig, fünfmal täglich frisches Obst oder Gemüse auf den Tisch zu bringen: Servieren Sie rohes oder gekochtes Obst zum Frühstück, eine Portion Gemüse und ein Glas Fruchtsaft zum Mittagessen, eine Portion Gemüse abends und als Abschluß frisches Obst oder eine Süßspeise mit Obst (siehe unten).

Gemüse wird verweigert

Manche Kinde weigern sich vehement, Gemüse zu essen, sei es aufgrund des intensiven Geschmacks, wie etwa bei Brokkoli, oder wegen des Aussehens. Wenn Sie dieses Problem kennen, versuchen Sie es mit frischem Obst, das auch viele Vitamine enthält und oft gut mit pikanten Gerichten kombiniert werden kann.

Beginnen Sie Schritt für Schritt mit Gemüsesorten, die bei Kindern noch am ehesten ankommen, wie beispielsweise Karotte, Gemüsemais oder Kartoffeln. Manche Kinder essen Gemüse lieber roh; dafür eignen sich Karotten, Sellerie oder Gurke. Eine guter Trick ist auch das Verstecken von Gemüse unter anderen Zutaten, wie zum Beispiel bei der Nudelsauce mit verstecktem Gemüse (Rezept Seite 72).

Ein Fünf-Sterne-Tagesplan

Müsli mit frischem Obst zum Frühstück

Frisches Obst am Vormittag

Nudeln mit Brokkoli und Käse am Mittag

Nachmittags ein Dip mit Gemüse

Abends Hähnchen-Sandwich mit Salat

Essen soll Spaß machen

Kinder essen genau wie Erwachsene lieber in Gesellschaft. Wenn Ihr Kind geeignetes Besteck bekommt, der Stuhl in der richtigen Höhe eingestellt ist und es nicht allein am Tisch sitzt, wird es Freude an den Mahlzeiten haben.

Geben Geschwister oder ein Spielkamerad ein positives Beispiel, ißt es vielleicht auch Lebensmittel, die es bislang nicht mochte. Ein Besuch bei Freunden oder Verwandten kann in so einem Fall ebenfalls Überraschungen bereithalten. Für das Kind ist es aufregend, in neuer, ungewohnter Umgebung, mit anderen Erwachsenen und vielleicht auch anderen Kindern zu essen. Häufig ist es dann auch bereit, neue Speisen zu versuchen. Wenn Sie und Ihr Kind in Gesellschaft anderer Personen essen, achten Sie nicht auf jeden einzelnen Bissen. Sind Sie beide jedoch allein, setzen Sie Ihr Kind vielleicht unbewußt unter Druck, weil Sie es beim Essen genau unter Kontrolle haben. Damit kann jede Mahlzeit zur Zerreißprobe werden, und Sie und Ihr Kind vergessen nur allzuleicht, daß Essen Spaß machen soll.

Zu Hause gemeinsam essen

Wenn Sie gemeinsam essen, wird Ihr Kind in den normalen Essensrhythmus integriert und lernt gleichzeitig die in der Familie geltenden Tischregeln. Und wenn es Ihr Tagesplan nicht zuläßt, daß die Familie an den Werktagen gemeinsam ißt – weil Ihr Jüngstes vielleicht schon früher etwas braucht –, sollte dennoch immer jemand dem Baby Gesellschaft leisten.

Ein verstellbarer Stuhlaufsatz läßt Ihr Kind in der richtigen Höhe sitzen.

Kochen für die Familie

Ihr Krabbelkind kann nun das gleiche essen wie der Rest der Familie. Das Leben ist zu kurz, um es damit zu verbringen, für jedes Familienmitglied separat zu kochen, und in diesem Alter kann man Kinder noch ohne große Überredungskünste an neue Speisen gewöhnen, weil seine Vorlieben (und Vorurteile) noch nicht besonders ausgeprägt sind. Sie können sein Interesse wecken, indem Sie ihm erzählen, wie ein bestimmtes Produkt aussieht, schmeckt oder sich anfühlt, oder indem Sie es interessant garnieren. Zwingen Sie es aber nicht, etwas Neues zu essen, und drohen Sie nicht mit dem Vorenthalten der Nachspeise. Achten Sie besser darauf, daß der Nachtisch gehaltvoll ist (siehe Seite 78) und Ihr Kind auf diese Weise genügend Nährstoffe erhält, auch wenn das nicht immer den Konventionen entspricht. Wichtig ist, daß der Speiseplan über mehrere Tage hinweg und nicht unbedingt innerhalb von vierundzwanzig Stunden ausgewogen ist.

So fördert man das Sozialverhalten Essen mit Freunden oder im Kreis der Familie macht die Mahlzeit zum Vergnügen und steigert die Bereitschaft Ihres Kindes, etwas Neues zu probieren.

Zu beachten

- **Wenn Ihr Kind** keine spezielle Diät einhalten muß, können Sie nun zu Kuhmilch übergehen.
- **Wasser** ist der ideale Durstlöscher; wahlweise können Sie auch verdünnten Frucht- oder Gemüsesaft (zwei Drittel Wasser auf ein Drittel Saft) anbieten.
- **Kann Ihr Baby** noch nicht aus dem Becher trinken, sollten Sie spätestens jetzt versuchen, ihm die Flasche abzugewöhnen.
- **Geben Sie Ihrem Kind** bei den Mahlzeiten und zwischendurch möglichst viel Obst und Gemüse.
- **Nach überstandener Krankheit** braucht Ihr Kind leichtverdauliche Nahrung. Möglicherweise fällt es vorübergehend wieder auf babytypisches Eßverhalten zurück.

Wenn sich Ihr Kind nicht wohl fühlt

Wenn Kinder kränkeln, sind sie oft appetitlos. Wichtig ist gerade dann eine ausreichende Flüssigkeitszufuhr. Ein Neugeborenes besteht zu etwa 80 Prozent aus Wasser (Erwachsene zu 70 Prozent). Durchfall oder Erbrechen stellen also für Babys und Kleinkinder eine erhöhte Gefahr der Dehydrierung dar. Sollte Ihr Kind eines dieser Symptome aufweisen, geben Sie ihm am besten keine feste Nahrung mehr, sorgen aber dafür, daß es genügend trinkt. In der Apotheke bekommen Sie spezielle Trinklösungen, die den Verlust an Mineralstoffen ausgleichen. Bei Durchfall empfehlen sich verdünnte Fruchtsäfte, Eislollies oder Cola ohne Kohlensäure (kann mit Hilfe von Eiswürfeln oder durch Rühren entfernt werden). Lassen Sie die Milch vorübergehend weg.

Kost für kleine Patienten

Hat Ihr Kind keinen Appetit, leidet aber nicht unter Durchfall oder Erbrechen, geben Sie ihm möglichst nahrhafte Getränke wie Milch, Milchshakes (siehe Seite 98) oder heiße Schokolade. Eislollies aus frischem Obstsaft, pürierten Früchten oder Joghurt eignen sich ebenso. Bieten Sie Ihrem Patienten einfache, leicht verdauliche Speisen an, wie zum Beispiel selbstgekochte Hühnerbrühe, gedämpften Fisch mit zerdrückten Kartoffeln, Rührei auf Toast oder Bananenmus. Antibiotika töten mit den schädlichen Bakterien auch die nützlichen ab. Sie können diese unerwünschte Wirkung ausgleichen, indem Sie Ihrem Kind lebende Joghurtkulturen geben, die einen positiven Einfluß auf die Produktion für den Körper wichtiger Bakterien haben.

Verstopfung

Leidet Ihr Kind unter Verstopfung, braucht es viel Wasser und verdünnte Fruchtsäfte. Verzichten Sie auf zu fette oder zuckerhaltige Speisen, und bieten Sie statt dessen Obst, Gemüse und Vollkornprodukte an. Aber Vorsicht, zu viele Ballaststoffe können bei Kleinkindern das Verdauungssystem überfordern. Naturjoghurt, Trockenpflaumen und Pflaumensaft schaffen auf sanfte Weise Abhilfe.

Rückfälle

Wundern Sie sich nicht, wenn Ihr Kind auch nach überstandener Krankheit beim Essen wieder Baby sein will. Während der Krankheit braucht es Rückhalt in Form von körperlicher Zuwendung, und häufig will es auch wieder aus der Flasche trinken. Damit besinnt es sich auf das Babyalter zurück und möchte – bis der normale Appetit wieder einsetzt – auch wieder das essen, was es als Baby bekommen hat. (Das kann sich im Kleinkindalter bei jeder Krankheitsphase wiederholen.) Machen Sie sich deshalb keine Sorgen, es wird bald wieder zum gewohnten Verhalten zurückfinden und Interesse an neuen Speisen haben.

Wenn Ihr Kind krank ist
Ihr Kind muß viel trinken, wenn es krank ist. Während dieser Zeit möchte es vielleicht wieder lieber aus der Flasche oder aus einer Lerntasse trinken.

Nahrung für die Sinne

Wenn Sie Ihr Kind ermutigen, den Geschmack und die Konsistenz der einzelnen Lebensmittel, ja sogar die Geräusche, die es beim Kauen erzeugt, in allen Facetten selbst zu erforschen, wird dies sein Interesse am Essen fördern – und damit jede Mahlzeit zu einem besonderen Erlebnis werden lassen. Noch bevor ein Kind zu sprechen beginnt, kann es zum Ausdruck bringen, ob das Essen schmeckt oder nicht. Greifen Sie nicht ein, wenn die Finger mit ins Spiel kommen, auch das gehört dazu. Die Rezepte auf dieser Seite sollen alle Sinne ansprechen: das Sehen, Riechen, Tasten,

Schnecken aus Geflügelwürstchen

Ein einfaches Gericht aus Geflügelwürstchen und zerdrückten Kartoffeln wird mit ein bißchen Phantasie zum Augenschmaus. (Rezept Seite 75)

Wurzelgemüsechips

Diese fritierten Chips aus Süßkartoffeln, roten Beten und Pastinaken krachen laut beim Hineinbeißen. (Rezept Seite 70)

Putenbällchen mit Paprikasauce

Saftige Minifleischbällchen mit einer süßen Sauce aus Paprikaschoten, die ihr besonderes Aroma frisch gehacktem Basilikum verdankt. Sie können das Gericht auf einem Reisbett oder mit Spaghetti servieren. (Rezept Seite 76)

Lassen Sie Ihr Kind einen Zweig frisches Basilikum mit den Fingern zerreiben und daran riechen

JOGHURT-PFANNKUCHEN

Ein reizvolles Kontrastprogramm aus zähflüssigem Ahornsirup, reifen Sommerfrüchten und warmen Pfannkuchen. (Rezept Seite 78)

GEFRORENER JOGHURT AUS HIMBEEREN

Kugeln aus gefrorenem Joghurt mit Schokoladentropfen und knusprigen Waffeln – ein verführerisches Dessert. (Rezept Seite 78)

Aprikosen-Heidelbeer-Porridge

350 ml Milch

100 g Haferflocken

100 g eßfertige getrocknete Aprikosen, kleingeschnitten

100 g Heidelbeeren

Ein einfaches, aber nahrhaftes Frühstück für Ihr Baby. Bei älteren Kindern kann das Pürieren entfallen.

Die Milch in einem kleinen Topf zum Kochen bringen, dann Haferflocken und Aprikosen einrühren. Die Hitze reduzieren und 3 Minuten kochen. Je nach gewünschter Konsistenz einige Sekunden pürieren.

Vorbereitungszeit/Garzeit
2 Minuten / 7 Minuten

Ergibt 4 Portionen

Nährwertinformation
Reich an Kalzium, Folsäure, Eisen, Eiweiß, Vitamin A, B-Vitaminen und Zink

Wurzelgemüse-Chips

1 Süßkartoffel mit orangfarbenem Fruchtfleisch, gebürstet

1 Pastinake, geschält

2 Karotten oder 1 rohe rote Bete, geschält

Öl zum Fritieren

frisch gemahlenes Meersalz

Verführen Sie Ihr Kind mit diesen knusprigen Chips zum Gemüseessen – eine gesunde Alternative zu den Fertigchips aus der Packung.

1 Das Gemüse per Hand oder mit dem geeigneten Vorsatz der Küchenmaschine in waffeldünne Scheiben schneiden. Das Öl in der Friteuse oder einem hohen Topf auf 190 °C erhitzen. Jede Gemüsesorte einzeln in kleinen Mengen goldbraun und knusprig fritieren – in der Friteuse ca. 4–5 Minuten.

2 Das Gemüse herausheben und auf Küchenkrepp abtropfen lassen. Mit dem Meersalz bestreuen und kalt servieren.

Vorbereitungszeit/Garzeit
10 Minuten / 15 Minuten

Ergibt 4 Portionen

Nährwertinformation
Reich an Beta-Karotin, Ballaststoffen, Folsäure und Vitamine E

Abbildung Seite 68

Tip

Für die Chips eignet sich auch in Scheiben geschnittene Banane.

Zucchini-Tomaten-Omelette

2 EL Pflanzenöl

1 Zwiebel, gewürfelt

175 g Zucchini, in dünne Scheiben geschnitten

Salz und Pfeffer zum Abschmecken

2 Tomaten, gehäutet, entkernt und gewürfelt

4 Eier

1 EL Milch

2 EL frisch geriebener Parmesan

1 Das Öl in einer beschichteten Pfanne (24 cm Durchmesser) erhitzen. Zwiebel und Zucchini dazugeben, leicht würzen und ca. 15 Minuten dünsten. Nun die Tomaten hinzufügen und weitere 3–4 Minuten dünsten.

2 Die Eier mit Milch und Pfeffer verschlagen und über das Gemüse gießen. Bei mittlerer Hitze ca. 5 Minuten auf dem Herd lassen, bis die Eier ganz durch sind. Den Grill auf höchster Stufe vorheizen.

3 Den Parmesan über das Gemüse verteilen und unter dem Grill kurz goldbraun überbacken (falls nötig, den Pfannengriff mit Alufolie umwickeln, damit er nicht verschmort). Keilförmig aufschneiden, warm oder kalt servieren.

Vorbereitungszeit/Garzeit
5 Minuten / 30 Minuten

Ergibt 8 Portionen

Nährwertinformation
Reich an Kalzium, Folsäure, Eiweiß, Vitamin A, Vitamin B_{12} und C

Nudelräder mit Käse und Brokkoli

125 g Nudelräder

125 g Brokkoli, in kleine Röschen zerteilt

60 g tiefgefrorener Gemüsemais

Käsesauce

30 g Butter

30 g Mehl

300 ml Milch

eine Prise Muskatnuß

75 g geriebener Cheddar

Salz und Pfeffer zum Abschmecken

Belag

2 EL frisch geriebener Parmesan

1 1/2 EL frische Brotkrümel

1 Leicht gesalzenes Wasser zum Kochen bringen, die Nudeln dazugeben und ca. 8 Minuten weich kochen. Dann abgießen und zur Seite stellen.

2 In der Zwischenzeit Brokkoli und Gemüsemais im Dampfkochtopf 4–5 Minuten garen. Zum Warmhalten Deckel auflegen, Topf zur Seite stellen.

3 Für die Sauce Butter in einem Topf zerlaufen lassen, das Mehl einrühren und bei niedriger Hitze 1 Minute rühren. Nach und nach die Milch zugießen, zum Kochen bringen und so lange rühren, bis die Sauce eingedickt ist. Den Topf vom Herd nehmen, mit Muskatnuß würzen und Cheddar unterrühren, bis er geschmolzen ist, dann abschmecken.

4 Das Gemüse zur Sauce geben, mit den Nudeln vermischen, in eine gefettete Gratinform füllen, Parmesan und Brotkrümel darüber verteilen und im vorgeheizten Ofen ca. 15 Minuten überbacken.

Variante

Für Käsemakkaroni das Gemüse weglassen und die Nudelräder durch 150 g Makkaroni ersetzen.

Vorbereitungszeit/Garzeit
10 Minuten / 35 Minuten

Backofentemperatur
180 °C / Gas Stufe 4

Ergibt 4 Portionen

Nährwertinformation
Reich an Kalzium, Folsäure, Eiweiß, Vitamin A, B-Vitaminen und Zink

Nur Sauce zum Einfrieren geeignet

Nudeln und Sauce mit verstecktem Gemüse

2 EL Olivenöl
1 kleine Zwiebel, gewürfelt
1 Knoblauchzehe, gepreßt
75 g Karotten, gewürfelt
75 g Zucchini, gewürfelt
75 g Pilze, in Scheiben geschnitten
400 g Dosentomaten, gehäutet
125 ml Gemüsebrühe
1/4 TL brauner Zucker
Salz und Pfeffer zum Abschmecken
250 g Fusilli

Wenn Ihr Baby kein Gemüse mag, hilft vielleicht, es zu verstecken – wie in dieser Sauce. Servieren Sie sie mit lustigen Nudeln – und Sie sind der Sieger! Ein Teelöffel roter Pesto ergibt eine interessante Geschmacksnote.

1 Das Öl in einem Topf erhitzen, Zwiebel und Knoblauch ca. 3 Minuten anbraten. Karotten, Zucchini und Pilze dazugeben und ca. 15 Minuten weich kochen. Tomaten, Brühe und Zucker hinzufügen, alles nach Belieben würzen und weitere 10 Minuten dünsten. Zu einem Brei pürieren.

2 Währenddessen leicht gesalzenes Wasser zum Kochen bringen und die Nudeln darin ca. 10 Minuten kochen. Mit der Sauce vermischt servieren.

Vorbereitungszeit/Garzeit
10 Minuten / 30 Minuten

Ergibt 4 Portionen

Nährwertinformation
Reich an Beta-Karotin, Folsäure, Eisen, Eiweiß, B-Vitaminen, Vitamin C und Zink

Nur Sauce zum Einfrieren geeignet

Thunfisch-Zucchini-Lasagne

1 EL Pflanzenöl
1 Zwiebel, fein gehackt
1 Knoblauchzehe, gepreßt (nach Belieben)
2 Zucchini, geschält und in Scheiben geschnitten
125 g tiefgefrorener Gemüsemais
400 g Dosentomaten, gewürfelt
250 ml Wasser
2 EL Tomatenmark
300 g Thunfisch aus der Dose
1 1/2 fache Menge Käsesauce (Rezept Seite 71)
9 Blätter Lasagne (ohne Vorkochen zu verwenden)
30 g geriebener Cheddar

1 Das Öl in einer Pfanne erhitzen, Zwiebel und eventuell Knoblauch andünsten. Zucchini und Zuckermais dazugeben und 2 Minuten mitdünsten.

2 Tomaten, Wasser und Tomatenmark einrühren. Alles zum Kochen bringen und ca. 30 Minuten dünsten. Vom Herd nehmen, den Thunfisch gleichmäßig untermischen. Die Käsesauce zubereiten und warm stellen.

3 Für die Lasagne ein Drittel der Thunfisch-Tomaten-Sauce auf dem Boden einer ofenfesten Form (23 x 15 x 8 cm) verteilen. Drei Lasagneblätter darauf legen und mit einem Drittel der warmen Käsesauce bedecken.

4 In dieser Reihenfolge zwei weitere Schichten in die Form füllen und mit geriebenem Cheddar bestreuen. Im vorgeheizten Ofen ca. 30 Minuten backen, bis die Oberfläche goldbraun ist und Blasen wirft.

Vorbereitungszeit/Garzeit
10 Minuten / 1 Stunde 20 Minuten

Backofentemperatur
180 °C / Gas Stufe 5

Ergibt 8 Portionen

Nährwertinformation
Reich an Kalzium, Folsäure, Eiweiß, Vitamin A, B-Vitaminen, Vitamin E und Zink

Zum Einfrieren geeignet

Graupen mit bunten Gemüsewürfeln

100 g Graupen

60 g Karotten, gewürfelt

60 g Zucchini, gewürfelt

60 g Brokkoli, gewürfelt

30 g Butter

30 g frisch geriebener Cheddar oder Parmesan

Graupen sind geschälte und polierte Gerstenkörner. Kinder mögen sie gern, weil sie leicht zu kauen sind.

1 Graupen und Gemüse zusammen in einen Topf geben und so viel kochendes Wasser darübergießen, daß alles gut bedeckt ist. So lange kochen, bis alles weich ist, dann abgießen.

2 Die Butter in einem großen Topf zerlaufen lassen, Graupen und Gemüse dazugeben und vom Herd nehmen. Den geriebenen Käse unterrühren, bis er ganz geschmolzen ist.

Vorbereitungszeit/Garzeit
10 Minuten / 15 Minuten

Ergibt 4 Portionen

Nährwertinformation
Reich an Beta-Karotin, Folsäure, Eiweiß und Vitamin C

Zum Einfrieren geeignet

Farfalle mit Schinken und Erbsen

150 g Farfalle

1/2 Würfel Gemüsebrühe

20 g Butter

15 g Mehl

300 ml Milch

1/4 TL Senfmehl

60 g tiefgefrorene Erbsen (oder Erbsen und Gemüsemais gemischt)

60 g geriebener Cheddar

60 g gekochte Schinkenscheiben, in Streifen geschnitten

Salz und Pfeffer zum Abschmecken

Kinder lieben die interessant geformten Farfalle. Für dieses Rezept können Sie aber auch Tagliolini oder Taglierini verwenden.

1 Einen Topf Wasser zum Kochen bringen, die Nudeln und den Brühwürfel hinzufügen und ca. 10 Minuten kochen, bis die Nudeln weich sind.

2 Für die Sauce die Butter in einem kleinen Topf zerlaufen lassen, zum Binden das Mehl einrühren und nach und nach Milch und Senfmehl dazugeben. Die Erbsen untermischen und 3 Minuten weiterkochen. Vom Herd nehmen und den Käse unterrühren, bis er geschmolzen ist. Dann den Schinken untermischen, nochmals erhitzen, nach Belieben abschmecken und mit den Nudeln vermischen.

Variante

Für eine vegetarische Version lassen Sie den Schinken weg und nehmen dafür 75 g in Scheiben geschnittene Pilze, die in etwas Butter weich gedünstet werden.

Vorbereitungszeit/Garzeit
5 Minuten / 15 Minuten

Ergibt 4 Portionen

Nährwertinformation
Reich an Kalzium, Folsäure, Eiweiß, Vitamin A, B-Vitaminen und Zink

Zum Einfrieren geeignet

JOYS FISCHAUFLAUF

Je 250 g Kabeljau- und Lachsfilet, ohne Haut
900 ml Milch
4 Pfefferkörner, 1 Lorbeerblatt und ein Zweig Petersilie
60 g Butter
1 Zwiebel, fein gehackt
3 EL Mehl
1 TL Senfmehl
125 g tiefgefrorene Erbsen
125 g Gemüsemais
1 EL Schnittlauch
Salz und Pfeffer zum Abschmecken

ZERDRÜCKTE KARTOFFELN

750 g Kartoffeln, in große Stücke geschnitten
4 EL Milch
ein großes Stück Butter
Salz und Pfeffer
2 EL geriebener Cheddar

Das folgende Rezept stammt von meiner Freundin Joy.

1 Leicht gesalzenes Wasser zum Kochen bringen, die Kartoffeln dazugeben und weich garen.

2 Den Fisch mit Milch, Pfefferkörnern und Kräutern in einer flachen Pfanne zum Kochen bringen und zugedeckt 5 Minuten dünsten. Dann die Filets aus der Pfanne nehmen, die Milch abgießen und zur Seite stellen. Den Fisch mit einer Gabel zerpflücken.

3 Die Butter in einem kleinen Topf zerlaufen lassen, und die Zwiebeln darin weich dünsten. Das Mehl einrühren und 1 Minute weiterkochen. Nach und nach die vom Fisch abgegossene Milch unterrühren, bis die Sauce eingedickt ist.

4 Senfmehl, Erbsen, Gemüsemais und Schnittlauch in die Sauce rühren, weitere 4 Minuten kochen, dann den Fisch dazugeben. Alles in eine ofenfeste Form füllen oder auf 8 Auflaufförmchen verteilen.

5 Die Kartoffeln abgießen, zerdrücken, mit Milch und Butter vermischen und würzen. Die Kartoffelmasse auf dem Fisch verteilen und mit einer Gabel kleine Spitzen formen. Mit Käse bestreuen und im vorgeheizten Backofen 25 Minuten überbacken.

Vorbereitungszeit/Garzeit
15 Minuten / 50 Minuten

Backofentemperatur
180 °C / Gas Stufe 4

Ergibt 8 Portionen

Nährwertinformation
Reich an Kalzium, Folsäure, Eiweiß, Vitamin A, B-Vitaminen und Zink

Zum Einfrieren geeignet

TIP

Eine interessante Variante ergibt sich, wenn Sie gekochte Garnelen zum Fisch geben und kleine Portionen in Pastetenförmchen zubereiten.

MEERESFRÜCHTETOPF MIT REIS

175 g Basmatireis, gewaschen
je 125 g Kabeljau- und Lachsfilet, ohne Haut
300 ml Milch
3 Pfefferkörner, 1 Lorbeerblatt und ein Zweig Petersilie
30 g Butter
1 kleine Zwiebel, fein gehackt
2 EL Mehl
30 g tiefgefrorene Erbsen
100 g gekochte Garnelen
30 g geriebener Cheddar
Salz und Pfeffer zum Abschmecken
1 Tomate, gehäutet, entkernt und gewürfelt

1 In einem Topf leicht gesalzenes Wasser zum Kochen bringen. Den Reis dazugeben und in ca. 11 Minuten weich kochen.

2 Kabeljau- und Lachsfilets mit Milch, Pfefferkörnern und Kräutern in eine flache Pfanne legen, zum Kochen bringen und zugedeckt ca. 5 Minuten dünsten. Den Fisch herausnehmen, die Milch zur Seite stellen. Fischfilets in größere Stücke aufteilen.

3 Die Butter in einem kleinen Topf zerlaufen lassen und die Zwiebel darin weich dünsten. Das Mehl einrühren und 1 Minute kochen. Nach und nach die Milch unterrühren, bis die Sauce gebunden hat.

4 Den Fisch, die gefrorenen Erbsen und die Garnelen unter die Sauce mischen und alles nochmals gut erhitzen, nach Belieben abschmecken. Eine Portion Fisch auf einem Reisbett anrichten und einige Tomatenwürfel darüberstreuen.

Vorbereitungszeit/Garzeit
10 Minuten / 20 Minuten

Ergibt 4 Portionen

Nährwertinformation
Reich an Folsäure, Eiweiß, B-Vitaminen einschließlich B_{12} und Zink

Zum Einfrieren geeignet

TIP

Diese cremige Sauce paßt auch gut zu muschelförmigen Nudeln (Conchiglie).

Ältere Kinder bekommen eine größereSchnecke

Schnecken aus Geflügelwürstchen

Geflügelwürstchen
375 g rohes Hähnchenfleisch, ohne Haut, gewürfelt
1 kleine Zwiebel, fein gehackt
1/2 EL Petersilie, gehackt
1/2 Würfel Hühnerbrühe, fein zerkrümelt
1 kleiner Apfel, geschält und gerieben
2 EL frische Brotkrümel
Salz und Pfeffer zum Abschmecken
Mehl zum Wenden
Pflanzenöl zum Braten
Zerdrückte Kartoffeln
500 g Kartoffeln, gewürfelt
1 EL Milch
15 g Butter
Salz und Pfeffer
Zum Dekorieren
Wirsingstreifen
1 Karotte, in Streifen geschnitten
16 tiefgefrorene Erbsen
Tomatenketchup

Mit etwas Phantasie verwandeln Sie die saftigen selbstgemachten Geflügelwürstchen in einen lustigen Augen- und Gaumenschmaus.

1 Das Hähnchenfleisch mit Zwiebeln, Petersilie, zerkrümeltem Brühwürfel, Apfel und Brotkrümeln im Mixer einige Sekunden kleinhacken und mild würzen.

2 Aus dieser Mischung 4 Würstchen von ca. 12 cm Länge formen und in Mehl wenden. Das Pflanzenöl in einer Bratpfanne erhitzen und die Würstchen ca. 15 Minuten darin braten, dabei gelegentlich wenden. Sie sollen von allen Seiten gleichmäßig braun und gut durch sein.

3 In der Zwischenzeit die Kartoffeln in den untersten Einsatz eines Dampfkochtopfs füllen, mit leicht gesalzenem Wasser bedecken und weich kochen. 5 Minuten vor Ende der Kochzeit das Gemüse zum Dekorieren in den oberen Einsatz füllen und mitdünsten. Die Kartoffeln mit Milch und Butter zerdrücken und würzen.

4 Die Kartoffelmasse mit Hilfe eines Eisportionierers zu vier Kuppeln formen und mit Ketchup spiralförmig verzieren, so daß sie wie Schneckenhäuser aussehen (verwenden Sie dazu eine Spritztülle mit kleiner Öffnung oder eine Plastiktüte, von der Sie eine Ecke abschneiden). Legen Sie unter jede Kuppel eine Wurst. Aus den gedämpften Karottenstreifen und Erbsen formen Sie die Fühler, der Wirsing dient als Gras.

Vorbereitungszeit/Garzeit
20 Minuten /
1 Stunde 10 Minuten

Ergibt 4 Portionen

Nährwertinformation
Reich an Folsäure, Eiweiß, B-Vitaminen und Zink

Nur Würstchen zum Einfrieren geeignet

Putenbällchen mit Paprikasauce

500 g Putenfleisch, gehackt

1 Zwiebel, fein gehackt

1 kleiner Apfel, geschält und gerieben

3 EL frische Brotkrümel

1 Ei, leicht geschlagen

2 EL frischer Salbei oder Thymian, gehackt

Salz und Pfeffer zum Abschmecken

Sauce aus roten Paprikaschoten

1 1/2 EL Pflanzenöl

2 Schalotten, fein gehackt

1 1/2 rote Paprikaschoten, entkernt und gewürfelt

1 TL Tomatenmark

3 EL frisches Basilikum, gehackt

450 ml Gemüsebrühe

Salz und Pfeffer zum Abschmecken

Servieren Sie die Fleischbällchen mit Reis oder Spaghetti als opulentes Mittagsmahl. Für die Sauce können Sie auch Hühnerbrühe verwenden (Rezept Seite 46).

1 Für die Sauce das Öl in einer Bratpfanne erhitzen, Schalotten und rote Paprikaschoten anbraten, bis sie weich sind. Die restlichen Zutaten dazugeben und abschmecken. Zum Kochen bringen und 15–20 Minuten dünsten, dann gleichmäßig pürieren.

2 Alle Zutaten für die Fleischbällchen vermischen und nach Belieben würzen. Mit den Händen ungefähr 24 walnußgroße Bällchen formen und in Mehl wenden. Das Öl in einer Bratpfanne erhitzen und die Bällchen darin braten, bis sie von allen Seiten gleichmäßig braun sind.

3 Die Fleischbällchen in einen Topf legen, mit der Paprikasauce bedecken und im vorgeheizten Backofen ca. 20 Minuten backen. Die Bällchen sollten gut durch und außen schön braun sein.

Vorbereitungszeit/Garzeit
20 Minuten / 40 Minuten

Backofentemperatur
180 °C / Gas Stufe 4

Ergibt 8 Portionen

Nährwertinformation
Reich an Beta-Karotin, Folsäure, Eisen, B-Vitaminen und Zink

Zum Einfrieren geeignet

Tip

Dieses Gericht kann gut im voraus zubereitet und tiefgefroren werden. In der Mikrowelle ist es schnell wieder aufgetaut und erwärmt. (Prüfen Sie die Temperatur, bevor Sie es Ihrem Kind servieren.)

Geflügel-Kartoffelbällchen

125 g Kartoffeln, gewürfelt
125 g Pastinaken, gewürfelt
3 EL Pflanzenöl
1/2 kleine Zwiebel, fein gehackt
1 Karotte, gerieben
125 g Hühnerbrust, ohne Knochen, in Stücke geschnitten
ein großes Stück Butter
Mehl zum Wenden

Zerdrückte Kartoffeln und Pastinaken verleihen diesen Bällchen ihre weiche Konsistenz. Sie lassen sich gut zum Abbeißen in die Hand nehmen.

1 Kartoffeln und Pastinaken in einem Topf mit Wasser bedecken, zum Kochen bringen und 12–15 Minuten sieden, bis sie ganz weich sind.

2 In der Zwischenzeit 1 Eßlöffel Öl in einer Bratpfanne erhitzen, Zwiebeln und Karotten 4–5 Minuten darin andünsten. Das Hähnchenfleisch dazugeben und weitere 10 Minuten dünsten, bis es gut durch ist.

3 Kartoffeln und Pastinaken mit der Hälfte der Butter zu einer weichen Masse zerdrücken. Fleisch, Zwiebeln und Karotten in der Küchenmaschine zerkleinern und mit dem Gemüsebrei vermischen.

4 Aus dieser Masse ungefähr 24 walnußgroße Bällchen formen, diese in Mehl wenden. Das restliche Öl und die Butter in einer Pfanne erhitzen und die Bällchen darin goldbraun braten.

Vorbereitungszeit/Garzeit
10 Minuten / 40 Minuten

Ergibt 8 Portionen

Nährwertinformation
Reich an Beta-Karotin, Folsäure und Eiweiß

Zum Einfrieren geeignet

Auflauf nach Hirtenart

1 1/2 EL Pflanzenöl
1 große Zwiebel, gehackt
1 kleine rote Paprikaschote, fein gewürfelt
1 Knoblauchzehe, gepreßt
500 g mageres Lammfleisch, gehackt
300 ml Hühner- (Rezept Seite 46) oder Fleischbrühe
1 EL frische Petersilie, gehackt
1/2 EL Hefeextrakt
1 EL Tomatenmark
1/2 TL Worcestershire-Sauce
175 g Pilze, in Scheiben geschnitten

ZERDRÜCKTE KARTOFFELN

1 kg Kartoffeln, gewürfelt
50 g Butter
3 EL Milch
Salz und Pfeffer

1 Das Öl in einer Pfanne erhitzen, Zwiebel, rote Paprika und Knoblauch weich dünsten. Das Fleisch dazugeben und von allen Seiten gut anbraten. Bei Bedarf alles in der Küchenmaschine bei Intervallschaltung einige Sekunden zerkleinern.

2 Das Fleisch in einen kleinen Topf füllen, mit Brühe, Petersilie, Hefeextrakt, Tomatenmark, Worcestershire-Sauce und Pilzen bei mittlerer Hitze ca. 20 Minuten kochen.

3 Die Kartoffeln in leicht gesalzenem Wasser weich kochen, abgießen und mit 30 g Butter und der Milch zerdrücken. Nach Belieben abschmecken.

4 Das Fleisch in eine große Auflaufform oder mehrere kleine Förmchen geben, mit der Kartoffelmasse bedecken und die restliche Butter in Flöckchen draufsetzen. Im vorgeheizten Ofen ca. 20 Minuten überbacken.

Variante

Sie können das Lammfleisch durch die gleiche Menge Rinderhack ersetzen. Statt der Kartoffeln verwenden Sie für den Belag dann 1 kg zerdrückte Steckrüben oder eine Mischung aus Steckrüben und Kartoffeln.

Vorbereitungszeit/Garzeit
15 Minuten / 1 Stunde 10 Minuten

Backofentemperatur
180 °C / Gas Stufe 4

Ergibt 8 Portionen

Nährwertinformation
Reich an Folsäure, Eisen, Eiweiß, Vitamin A, B-Vitaminen und Zink

Zum Einfrieren geeignet

TIPS

Hackfleisch ist für kleinere Kinder oft bekömmlicher, wenn Sie es erst kochen und dann in der Küchenmaschine zerkleinern.

Sie können das Gericht auch in kleinen Förmchen anrichten und mit Gesichtern aus Gemüse dekorieren (Rezept Seite 103).

Gefrorener Joghurt aus Himbeeren

250 g tiefgefrorene oder frische Himbeeren
4 EL Zucker
125 ml Wasser
300–350 ml milder Naturjoghurt
6 EL Crème fraîche
2–3 EL Puderzucker

Für dieses Rezept eignen sich auch gemischte Beeren: Erdbeeren, Brombeeren und Himbeeren. Nehmen Sie den gefrorenen Joghurt einige Minuten vor dem Servieren aus dem Eisfach, so daß er etwas weicher ist. Wenn Sie ein Übriges tun wollen, garnieren Sie ihn noch mit frischen Himbeeren.

1 Die Himbeeren mit Zucker und Wasser in einem kleinen Topf 5 Minuten kochen. Mit dem Pürierstab zu Mus verarbeiten, dann durch ein Sieb streichen, um die Kerne zu entfernen. Abkühlen lassen.

2 Joghurt und Crème fraîche unter das Himbeerpüree mischen und mit Puderzucker gut süßen. In einen Eiscremebereiter füllen und ca. 20 Minuten kühlen.

Variante

375 ml Kirschjoghurt mit 6 Eßlöffeln Crème fraîche verrühren. 200 g entsteinte Schwarzkirschen, 100 ml Ahornsirup und 50 g geraspelte Vollmilchschokolade untermischen. Im Eiscremebereiter wie oben beschrieben kühlen.

Vorbereitungszeit/Garzeit
2 Minuten / 35 Minuten, davon 20 Minuten Kühlzeit

Ergibt 8 Portionen

Nährwertinformation
Reich an Kalzium, Folsäure, Eiweiß, Vitamin B_2, C und B_{12}

Große Abbildung Seite 69

Tip

Wenn Sie keinen Eiscremebereiter besitzen, füllen Sie die Mischung in einen Plastikbehälter, und stellen Sie diesen 1 Stunde ins Tiefkühlfach. Dann nehmen Sie die Masse heraus und rühren sie per Hand oder mit der Küchenmaschine gut durch, um die Eiskristalle aufzulösen. Anschließend stellen Sie den Behälter wieder ins Tiefkühlfach. Diesen Vorgang noch ein- bis zweimal wiederholen.

Joghurtpfannkuchen

1 Ei, leicht geschlagen
150 ml milder Naturjoghurt aus Vollmilch
150 ml Milch
100 g Mehl
1/4 TL Salz oder 2 EL Ahornsirup (wenn die Pfannkuchen süß sein sollen)
Pflanzenöl zum Backen
Als Beilage
Ahornsirup
frisches Obst wie Erdbeeren, Himbeeren oder in Scheiben geschnittene Pfirsiche

Die Minipfannkuchen schmecken am besten mit frischem Obst und Ahornsirup. Für Rosinenpfannkuchen süßen Sie den Teig mit Ahornsirup und rühren einige Rosinen unter.

1 Das geschlagene Ei und den Joghurt vermischen, Milch, Mehl und Salz oder Ahornsirup unterrühren. Alles zu einem glatten Teig verarbeiten.

2 Etwas Öl in einer Pfanne sehr heiß werden lassen. Pro Pfannkuchen einen gehäuften Eßlöffel Teig in die Pfanne setzen, dabei genügend Abstand zwischen den einzelnen Pfannkuchen lassen; den Teig mit einem Spatel auf je 6 cm Durchmesser auseinanderstreichen. 1–2 Minuten backen, dann wenden und weitere 1–2 Minuten backen. Die Pfannkuchen sollten auf beiden Seiten schön braun und gut durchgebacken sein.

3 Mit Ahornsirup beträufeln und mit Obst servieren.

Vorbereitungszeit/Garzeit
2 Minuten / 10 Minuten

Ergibt 8 Portionen

Nährwertinformation
Reich an Kalzium, Folsäure, Eiweiß, Vitamin B_2 und B_{12} (nur mit Obst)

Zum Einfrieren geeignet (siehe Tip)

Abbildung Seite 69

Tip

Die Pfannkuchen lassen sich gut einfrieren, wenn Sie Wachs- oder Butterbrotpapier zwischen die einzelnen Schichten legen. Im Toaster aufwärmen.

Bananenchips mit Honig-Joghurt-Dip

4 Bananen, längs in dünne Streifen geschnitten

Puderzucker, mit etwas Zimt vermischt (nach Wunsch)

Naturjoghurt, mit Honig gesüßt

Diese Chips können Sie auch aus Mango bereiten, dazu paßt dann ein Frischkäsedip mit Obst.

1 Die Bananenstreifen auf Backpapier legen und ca. 1 Stunde im vorgeheizten Ofen backen.

2 Aus dem Ofen nehmen, abkühlen lassen und die Chips vom Papier lösen. Nach Belieben mit der Puderzucker-Zimt-Mischung bestreuen und mit dem Joghurt servieren.

Vorbereitungszeit/Garzeit
2 Minuten / 1 Stunde

Backofentemperatur
110 °C / Gas niedrige Stufe

Ergibt 8 Portionen

Nährwertinformation
Reich an Vitamin C

Götterspeise-Schiffchen

2 große Orangen, halbiert

1 Packung Götterspeise mit Erdbeer- oder Orangengeschmack

1 kleine Dose Mandarinenspalten (nach Belieben)

1 kleine Schale frische Himbeeren (nach Belieben)

Zum Dekorieren

8 kleine Dreiecke aus Reispapier

8 Cocktailspießchen

1 Die Orangen so auspressen, daß die Schale unversehrt bleibt. Die weiße Haut vorsichtig auskratzen.

2 Die Götterspeise laut Anweisung auf der Packung zubereiten, bei Verwendung von Obst entsprechend weniger Wasser nehmen. Das Obst, falls verwendet, auf die Orangenhälften verteilen, die Götterspeise einfüllen und im Kühlschrank fest werden lassen.

3 Ein Messer in Wasser tauchen und damit die Orangenhälften nochmals halbieren. Durch jedes Reispapierdreieck ein Cocktailspießchen stecken und als Segel verwenden.

Variante

Um Götterspeise in einer Form zuzubereiten, nach Anweisung auf der Packung anrühren, dabei nur die Hälfte der angegebenen Wassermenge verwenden. In eine tiefe, beschichtete Backform füllen und im Kühlschrank fest werden lassen. Danach mit einem Messer, das vorher in Wasser getaucht wurde, in Formen schneiden (Abbildung Seite 105).

Vorbereitungszeit/Garzeit
5 Minuten / 15 Minuten plus 1 3/4 Stunden Ruhezeit

Ergibt 8 Portionen

Anmerkung
Bei kleineren Kindern die Cocktailspießchen gleich nach dem Servieren entfernen.

18 Monate - 2 Jahre

Vorlieben oder Abneigungen gegen bestimmte Geschmacksrichtungen bilden sich schon früh heraus. Nutzen Sie die Zeit, in der Ihr Kind noch offen für neue Erfahrungen ist, für einen abwechslungsreichen und gesunden Speiseplan. Bei aller Anstrengung lässt es sich jedoch nicht vermeiden, dass immer wieder Phasen mit äusserst launenhaftem Essverhalten auftreten. Aber mit etwas Phantasie werden Sie auch darüber hinwegkommen. In diesem Kapitel finden Sie jede Menge Ideen für gesundes »Fast food«, mit denen Sie vielleicht auch einen hartnäckigen Essensverweigerer herumkriegen.

Immer in Aktion

IHR KIND WIRD NUN ein eigenständiges Wesen. Die Motorik ist schon gut entwickelt, und es ist in der Lage, Persönlichkeit und Temperament sowohl verbal als auch körperlich zum Ausdruck zu bringen. Die Ausbildung des individuellen Charakters kann sich auch in der Einführung eigener Tischsitten äußern – das ist der Punkt, an dem Sie einfühlsam, aber doch bestimmt einschreiten sollten.

Jetzt ist viel Energie gefragt

Gegen Ende des zweiten Lebensjahrs verlangsamt sich das Wachstum deutlich, dafür wird Ihr Kind aber aktiver – es beherrscht seinen Körper besser und hat den ganzen Tag über jede Menge zu tun. Mit zunehmender Aktivität verschwindet allmählich auch der »Babyspeck«. Aber trotz des großen Energiebedarfs kommt der kleine Magen mit leichten Mahlzeiten noch immer am besten zurecht. Für die zusätzliche Portion an Energie sorgen Snacks zwischendurch. Vergessen Sie nicht, daß sich ein Kind in diesem Alter noch nicht nach der Uhr richtet und aus einer natürlichen Veranlagung heraus nur dann ißt, wenn es wirklich hungrig ist. In dieser Phase werden Wünsche schon verbal zum Ausdruck gebracht, und Sie sind gut beraten, immer schnell etwas zur Hand zu haben, ehe der nicht sofort gestillte Hunger zu einem Wutausbruch führt (siehe Seite 86–87). Auch wenn Sie bestrebt sind, in der Familie regelmäßige Essenszeiten einzuhalten, sollten Sie nicht immer starr darauf beharren. Es ist sicher auch nicht in Ihrem Sinn, zwar die Mahlzeiten immer zur »richtigen« Zeit einzunehmen, dafür aber einen heiklen Esser am Tisch zu haben.

TROTZPHASEN

Ihr Kind kommt nun in ein Alter, in dem es Frustrationen mitunter in Form von Wutausbrüchen abreagiert, was auch für die Eltern anstrengend sein kann. Vielleicht müssen Sie nun auf den einen oder anderen Trick zurückgreifen, um Ihr Kind zum Essen zu bewegen (siehe Seite 85). Verzichten Sie aber möglichst auf Bestechungsversuche, damit wird es nur noch schwieriger.

WIE REAGIEREN DIE ELTERN?
Unfug am Tisch zu machen ist ein wirksames Mittel, um die Aufmerksamkeit auf sich zu lenken. Meist ist es besser, dem Kind das Essen einfach wegzunehmen, als lange zu diskutieren.

Snacks

Bunte Snacks, die einfach zu essen sind, kommen immer gut an. Gelegentlich etwas Schokolade oder Gebäck richtet keinen Schaden an, liefert aber nur »leere« Kalorien. Auf keinen Fall können sie eine gesunde Zwischenmahlzeit ersetzen. Ihr Kind sollte den Großteil seiner Energie aus Kohlenhydraten beziehen. Stärke, wie sie in Nudeln, Vollkornbrot und -getreide enthalten ist, sorgt auf sinnvolle Weise für ein Auftanken an Energie.

Hier einige Beispiele für gesunde Snacks:

- Herzhafter Tomaten-Frischkäse-Dip (Rezept Seite 88)
- Sandwich-Variationen (Rezept Seite 89)
- Nudelsalat (Rezept Seite 108)

NUDELSALAT MIT GEMÜSE

VOLLKORN-SANDWICHES

FRISCHKÄSE-DIP MIT GEMÜSE

NASCHGEWOHNHEITEN

Man kann sich nur allzuleicht in der Menge verschätzen, die ein Kind zu sich nimmt – vor allem, wenn es in der Familie üblich ist, so nebenbei zu essen, anstatt die Mahlzeiten im Sitzen einzunehmen.

Wenn Sie befürchten, Ihr Kind könnte zu wenig essen, ist es ratsam, über einige Wochen hinweg Tagebuch zu führen. Viele Kinder neigen zum Naschen – ein bißchen Essen hier, ein bißchen Essen da. Häufig werden Sie aber feststellen, daß die Summe all dieser kleinen Zwischenmahlzeiten eine erstaunlich vernünftige und ausgewogene Menge an Nahrung ergibt.

Nicht zuviel Zucker

Ihrem Kind steht nun eine große Bandbreite unterschiedlichster Lebensmittel zur Verfügung – gerade deshalb sollten Sie darauf achten, daß es nicht zu sehr auf Süßigkeiten aus ist. Da Kinder in bezug auf ihre Eßgewohnheiten viel von den anderen Familienmitgliedern übernehmen, müssen Sie selbst auf konsequentes Verhalten bedacht sein, wenn Sie den Zuckerkonsum gering halten wollen. Nicht nur die Menge an Zucker schadet unseren Zähnen, sondern auch die Häufigkeit, mit der wir Süßes essen: Immer wenn wir zuckerhaltige Speisen zu uns nehmen, produzieren die ihm Zahnbelag sitzenden Bakterien Säure, die den Zahnschmelz angreift und dadurch Karies verursachen kann. Eine Packung Süßigkeiten, die auf einmal vertilgt wird, richtet also weniger Schaden an, als über längere Zeit hinweg konsumierte kleinere Mengen. Wenn man zuckerhaltige Lebensmittel nur zu den festen Mahlzeiten ißt, wird die schädliche Wirkung abgemildert, weil die dabei entstehende Säure durch die anderen Speisen verdünnt wird. Käse ist als Abschluß eines Essens besonders zu empfehlen, da er die Produktion des säurehaltigen Speichels hemmt.

SÜSSIGKEITEN ALS BELOHNUNG

Als Belohnung sind Süßigkeiten oder Nachspeisen denkbar ungeeignet, nehmen Sie dafür lieber Aufkleber, Comics oder ähnliche Dinge.

GESÜSSTE GETRÄNKE

Selbst reine Obstsäfte enthalten Fructose (einen natürliche Art von Zucker), die Karies verursachen kann. Bieten Sie diese Art von Getränken nur zu den Hauptmahlzeiten an, dann hat Ihr Kind den Vorteil, daß die Eisenverwertung des Körpers positiv beeinflußt wird. Lesen Sie die Etiketten genau, häufig ist der Zuckergehalt des Produkts als Glukose, Maltose oder Dextrose getarnt. Manche Obstsäfte enthalten bis zu 30 Gramm Zucker pro Packung. Diätprodukte sind keineswegs unschädlicher für die Zähne, auch sie enthalten Säuren, die den Zahnschmelz angreifen. Vor dem Schlafengehen sollten süße Getränke in jedem Fall tabu sein.

Der heikle Esser

Das Essen zu verweigern ist für ein Kind eine der ersten Möglichkeiten, seinen Kopf durchzusetzen und seinem Drang nach Eigenständigkeit Ausdruck zu verleihen. Es dauert nicht lang, bis es heraus hat, wie leicht Sie am Abendbrottisch zu manipulieren sind. Die Kämpfe beim Essen gehören wohl zu den streßigsten Situationen, die Eltern kleiner Kinder durchzustehen haben. Mittel wie Bestechung, Drohungen oder das verzweifelte Bemühen, ein kulinarisches Meisterwerk auf den Tisch zu bringen, sind in der Regel alles andere als hilfreich, wenn es darum geht, ein Kind zum Essen zu bewegen.

Ruhe bewahren

Versuchen Sie, ruhig zu bleiben, egal, wie unvernünftig das Eßverhalten Ihres Kindes auch scheinen mag. Ziel ist es, das Kind allmählich in die normalen Familienmahlzeiten miteinzubeziehen. Setzen Sie es nicht unter Druck, etwas Bestimmtes zu essen – das Essen sollte nicht dazu dienen, einem Kind das Gehorchen beizubringen. Leider neigen Kinder nun mal dazu, die Geduld ihrer Eltern immer wieder auf die Probe zu stellen. Und wenn sie sich weigern zu essen, stehen sie automatisch im Mittelpunkt. Wenn Sie sich in einer solchen Situation nicht unnötig aufregen wollen, gibt es nur ein Mittel, nämlich das verweigerte Essen einfach wegzustellen. Dem Kind Schuldgefühle einzureden, wäre keine gute Lösung. Machen Sie sich immer wieder bewußt, daß noch kein Kind aus freien Stücken verhungert ist. Es holt sich schon, was es braucht – wenn auch manchmal auf etwas unkonventionelle Weise. Wichtig ist nicht, ob die tägliche Nährstoffversorgung ausgewogen ist, sondern ob sie sich über mehrere Tage hinweg im Gleichgewicht befindet.

Marotten beim Essen

Manche Kinder essen eine Weile nur ganz bestimmte Speisen. Wenn Ihr Kind also zu jeder Mahlzeit nur Erdnußbutterbrote möchte, ist das kein Anlaß zur Sorge. Nehmen Sie Vollkornbrot, und schmuggeln Sie einige Scheiben Banane darunter, servieren Sie das Ganze mit Milch oder einem Milchshake, und bieten Sie immer wieder schmackhafte und nährstoffreiche Alternativen an. Kinder gedeihen auch mit einer begrenzten Auswahl an Lebensmitteln ganz gut. Manchmal nehmen die Eigenheiten beim Essen noch seltsamere Formen an, so kann es zum Beispiel vorkommen, daß ein Kind die Mahlzeit verweigert, weil die einzelnen Lebensmittel auf dem Teller Kontakt miteinander haben. In diesem Fall können Sie Abhilfe schaffen, indem Sie das Essen auf einem Teller anrichten, der in verschiedene Abschnitte unterteilt ist.

Bestimmte Speisen werden immer wieder abgelehnt

Weigert sich Ihr Kind eigensinnig, etwas Bestimmtes zu essen, ist offensichtlich, daß es diese Speise einfach nicht mag. Manchmal muß man solche Wünsche respektieren – auch Erwachsene haben bestimmte Abneigungen. Versuchen Sie zu unterscheiden, wann Ihr Kind nur störrisch ist und wann ihm tatsächlich etwas nicht schmeckt. Ist Gemüse ein Problem, hat man die Möglichkeit, dies versteckt zuzubereiten (siehe Seite 65). Oft essen Kinder auch kein Fleisch. Solange der Speiseplan Milch und Milchprodukte, Bohnen, Hülsenfrüchte oder Sojaprodukte enthält, die den Körper ausreichend mit Eiweiß, Eisen und B-Vitaminen versorgen (siehe Seite 37), entsteht auch kein Mangel. Häufig ist es weniger der Geschmack als die Konsistenz des Fleisches, was die Ablehnung hervorruft. Wenn Ihr Kind keine größeren Fleischstücke mag, versuchen Sie es vielleicht mit Spaghetti bolognese (Rezept Seite 61) oder Auflauf nach Hirtenart (Seite 77). In diesen Rezepten ist das Fleisch so verarbeitet, daß es für Kinder bekömmlicher ist, vor allem wenn es püriert wird. Ebensogut können Sie mundgerechte Fleischbällchen zubereiten (Seite 97) und diese mit Ketchup servieren.

Mit Löffel und Gabel
Mit 18 Monaten sind viele Kinder schon gewandt genug, um mit Löffel und Gabel zu essen. Eigenes Besteck und Geschirr kann die Lust am Essen durchaus steigern.

Immer neue Tricks

Möglicherweise müssen Sie sich immer wieder neue Tricks ausdenken, um Ihr Kind zum Essen zu bewegen. Versuchen Sie, so phantasievoll wie möglich auf ausgefallene Verhaltensmuster einzugehen. Anstatt sich von Ihrem Kind dirigieren zu lassen, sollten Sie selbst die Initiative ergreifen. Und seien Sie konsequent!

FÜR ZWISCHENDURCH
Stellen Sie kleine Häppchen bereit, die einfach mit der Hand gegessen werden.

FREIRÄUME ZUGESTEHEN

Lassen Sie Ihr Kind Eigenständigkeit erfahren, indem es selbst zwei von drei angebotenen Gemüsesorten aussuchen darf. Sie können es auch beim Kochen mithelfen lassen oder beim Einkaufen fragen, was es gern essen möchte. Vernünftig ist es auch, kleine Portionen auf den Teller zu geben und lieber etwas nachzulegen. Damit geben Sie Ihrem Kind das Gefühl, die Menge selbst bestimmen zu können.

GEMEINSAM ESSEN

Mahlzeiten bieten Gelegenheit zur Kommunikation. Essen Sie so oft wie möglich gemeinsam mit Ihrem Kind, und motivieren Sie es, das gleiche wie Sie zu essen (vermeiden Sie dabei Ablenkungen wie Fernsehen). Oft wirkt es auch Wunder, wenn man einen Spielkameraden zum Essen einlädt.

ZU BEACHTEN

- VERMEIDEN SIE LEERE KALORIEN, wie sie in Säften oder Süßigkeiten enthalten sind. Halten Sie gesunde Zwischenmahlzeiten bereit.
- WENN SIE SICH ERNSTHAFT Sorgen machen, ob Ihr Kind genügend und richtig ißt, führen Sie wöchentlich Tagebuch darüber, was es zu sich nimmt.
- WILL IHR KIND erst eine Weile mit seinem Essen spielen, sollten Sie das einfach zulassen und die guten Tischsitten vorübergehend vergessen.
- SERVIEREN SIE kleine Portionen oder jede Speise einzeln. Damit fühlt Ihr Kind sich nicht gleich überfordert und kann selbst entscheiden, wieviel es essen will.
- ESSEN SIE MAL WOANDERS – und wenn es ein Picknick auf dem Fußboden ist.

WOANDERS ESSEN
Picknick mit Teddy im Freien macht den Imbiß zum Erlebnis.

Fast food macht fit

ES KOMMT EHER SELTEN VOR, daß die kleinen Energiebündel gerade dann Hunger haben, wenn eine reguläre Mahlzeit ansteht. Der größere Aktionsradius fordert aber auch mehr Kalorien. In dieser Phase sind leichte, aber häufiger angebotene Snacks ideal zum Auftanken. Man kann von Kindern in diesem Alter noch nicht erwarten, daß sie geduldig auf die nächste Mahlzeit warten. Sie sind also gut beraten, stets gesundes und schnell zubereitetes »Fast food« zur Hand zu haben.

Kebabs mit Kirschtomaten und Tofu (Rezept Seite 92)

Karottensterne kann man mit einer Plätzchenform ausstechen

KEBABS IN PITTABROT
Minikebabs werden gegrillt, dann vom Spieß gestreift und mit einigen Salatblättern in warmes Pittabrot gelegt. Beliebt ist die Kombination von Hähnchen mit Tomaten oder Gemüsewürfeln mit Tofu. (Rezepte Seite 92 und 96)

HERZHAFTER TOMATEN-FRISCHKÄSE-DIP
Kindern ist Gemüse roh oft am liebsten, vor allem wenn es lustig geformt ist und – wie bei diesem Vorschlag für eine nahrhafte Zwischenmahlzeit – in einen Dip getaucht werden kann. (Rezept Seite 88)

Kebabs in Honig-Zitronen-Marinade (Rezept Seite 96)

SANDWICH-VARIATIONEN
Diese Sandwiches aus weichem Schwarzbrot mit Lieblingsfüllung sorgen für gute Laune. (Rezept Seite 89)

Lustige Tierformen sind schnell ausgestochen

MINIPIZZAS

Braune und weiße Brötchen werden einfach in der Mitte durchgeschnitten, mit guter Tomatensauce, Käse und weiteren Zutaten nach Wahl üppig belegt – und fertig sind ausgezeichnete kleine Pizzas. Tiergesichter kommen dabei immer besonders gut an. (Rezept Seite 91)

Doppeldecker-Brote mit Käse und Salatblättern

Drachen mit Käse und Schnittlauch

SANDWICH-VARIATIONEN

Neuen Ideen sind hier keine Grenzen gesetzt – lassen Sie Ihrer Phantasie freien Lauf. (Rezepte Seite 89)

Rührei mit Käse und Tomaten

2 Eier

1 EL Milch oder

Salz und Pfeffer zum Abschmecken

15 g Butter

1 Tomate, gehäutet, entkernt und gewürfelt

2 EL geriebener Greyerzer-Käse

Rührei ist schnell zubereitet und ein kräftiges Familienfrühstück. Servieren Sie dazu Toast mit Butter.

1 Eier mit Milch verschlagen und leicht würzen. Die Butter bei schwacher Hitze in einer Pfanne zerlaufen lassen, die gewürfelten Tomaten dazugeben und 1 Minute andünsten.

2 Die Eiermischung darübergießen und mit einem Holzlöffel durchrühren, bis die Eier zu stocken beginnen. Den Käse dazugeben und weiterrühren, bis die Eimasse ganz durchgebraten ist. Sofort servieren.

Vorbereitungszeit/Garzeit
2 Minuten / 6 Minuten

Ergibt 2 Portionen

Nährwertinformation
Reich an Kalzium, Eisen, Eiweiß, Vitamin A, B-Vitaminen und Vitamin E

Müsli mit Apfel, Mango und Aprikosen

je 50 g Mango und Aprikosen, gewürfelt

30 g Sultaninen oder Rosinen

125 g Müslimischung oder je 60 g Hafer- und Weizenflocken

30 g fein gehackte Haselnüsse (nach Belieben)

350 ml Apfel-Mango- oder reiner Apfelsaft

1/2 roter Apfel, entkernt und gewürfelt

frisches Obst wie Banane oder Himbeeren (nach Belieben)

Leider enthalten viele Frühstücksflocken für Kinder wenig Nährstoffe und viel Zucker. Ich bereite für meine Familie ein Müsli nach Schweizer Art aus einer Fertigmischung – bestehend aus Hafer-, Weizen-, Gersten- und Roggenflocken – und frischem Obst.

Trockenfrüchte, Müslimischung und Nüsse über Nacht im Saft einweichen. Am Morgen den Apfel und das restliche Obst untermischen.

Variante

Ebenso köstlich wie ungewöhnlich ist folgende Abwandlung: Den Apfelsaft durch Traubensaft ersetzen und statt der Mango- und Aprikosenwürfel getrocknete Pfirsiche verwenden.

Zubereitungszeit
5 Minuten, über Nacht einweichen

Ergibt 4 Portionen

Nährwertinformation
Reich an Ballaststoffen, Folsäure, Eisen, Eiweiß, Vitamin A, B-Vitaminen und Zink

Anmerkung
Dieses Rezept enthält Nüsse. Lassen Sie diese weg, wenn in Ihrer Familie bereits Nußallergien aufgetreten sind.

Herzhafter Tomaten-Frischkäse-Dip

200 g weicher Frischkäse

3 EL Mayonnaise

1 EL Tomatenketchup

1 TL frisch gepreßter Zitronensaft

1/4 TL Worcestershire-Sauce

1/4 TL Sojasauce

1/2 EL Schnittlauch

2 Tomaten, gehäutet, entkernt und gewürfelt

Richten Sie diesen Dip mit rohem und gekochtem Gemüse oder getoastetem Pittabrot an – das schmeckt und liefert Energie.

Alle Zutaten gut miteinander verrühren und in kleine Schälchen verteilen.

Variante

Einen Frischkäse-Schnittlauch-Dip bereiten Sie zu, indem Sie jeweils die gleiche Menge weichen Frischkäse und Mayonnaise mit 3 Eßlöffeln Milch verrühren und 1 Teelöffel Dijon-Senf, 2 Eßlöffel Schnittlauch, eine Prise Zucker und frisch gemahlenen Pfeffer untermischen.

Zubereitungszeit
10 Minuten

Ergibt 8 Portionen

Nährwertinformation
Reich an Vitamin A, B_{12} und E

Abbildung Seite 86

Tip
Für ältere Kinder können Sie diesen Dip auch mit fettarmen Milchprodukten zubereiten.

Sandwich-Variationen

Sandwiches sind schnell zubereitet und ersetzen machmal sogar eine warme Mahlzeit.

Ei mit Mayonnaise auf Brot in Entenform

Belegtes Brot mit Gurke und Käse

Doppeldecker mit Ei, Mayonnaise und Avocado

Räucherlachs-Windrad

Belegte Brote

Brotscheiben in einfache Formen schneiden oder Tierformen ausstechen, mit Butter bestreichen und den Belag darauf verteilen. Hier einige Vorschläge: Schafe oder Enten mit zerdrücktem Ei oder Hüttenkäse; Brotstücke in Drachenform, wahlweise belegt mit zerdrückter Avocado, dünnen Schinken-, Puten- oder Hähnchenbrustscheiben; Brot- und Käsequadrate in Form eines Päckchens mit Schleife aus roter Paprika oder Schnittlauch. (Weitere Abbildungen Seite 87 und 104)

Doppeldecker-Brote

3 Scheiben Schwarz- oder Weißbrot bereitlegen, eine davon (beim Zusammensetzen als mittlere Scheibe nehmen) beidseitig mit Butter bestreichen. Mit zwei harmonierenden Belagarten zusammensetzen, zum Beispiel Bananenscheiben und Erdbeermarmelade; geriebener Käse, Eisbergsalatstreifen und Hefeextrakt; zerdrückte Avocado und Eier mit Mayonnaise. Die Brote in Streifen schneiden. (Weitere Abbildungen Seite 87)

Windräder

Von 2 Brotscheiben jeweils die Kruste wegschneiden. Aneinanderlegen und dabei an der Kante leicht überlappen lassen, mit einer Teigrolle etwas andrücken. Mit Butter bestreichen und bunte Füllung darauf verteilen, dann aufrollen und in dünne Scheiben schneiden. Geeignete Füllungen: Erdnußbutter und Schinken; Frischkäse und zerdrückte Avocado; Eier mit Mayonnaise und Kresse. (Weitere Abbildungen Seite 87)

Kleine Pittabrote

Ein kleines Pittabrot erwärmen, halbieren und mit pikanter Füllung servieren, etwa mit geriebenem Käse, kleingeschnittenem Hähnchenfleisch oder Schinken mit Salat; hartgekochtem Ei in Scheiben mit Eisbergsalat; zerdrückten Sardinen mit Tomatenscheiben.

Schmetterlingsbrot mit Salat und Käse

Belegtes Brot mit Käse und roter Paprika

Vollkorn-Windrad mit Spinatpastete

Pittabrot

Minestrone mit Buchstabennudeln

- *2 EL Pflanzenöl*
- *1 Zwiebel, fein gehackt*
- *125 g Karotten, gewürfelt*
- *1/2 Stange Sellerie, fein gehackt*
- *30 g Lauch, nur der weiße Teil, fein gehackt*
- *125 g Kartoffeln, gewürfelt*
- *60 g Zucchini, gewürfelt*
- *2 reife Tomaten, gehäutet, entkernt und gewürfelt*
- *1,5 l Hühnerbrühe (Rezept Seite 46)*
- *2 TL Tomatenmark*
- *60 g tiefgefrorene Erbsen*
- *50 g Buchstabennudeln*
- *Salz und Pfeffer zum Abschmecken*

Selbstgemachte Minestrone ist ein nährstoffreiches Gericht für Kinder. Wenn Sie sie mit Brot und Salat auf den Tisch bringen, wird die ganze Familie davon satt. Mögen Sie die Suppe noch gehaltvoller, geben Sie geschnittenen Weißkohl (ca. 125 g) dazu.

1 Das Öl in einem großen Topf erhitzen und die Zwiebeln ca. 5 Minuten darin dünsten. Karotten, Sellerie und Lauch dazugeben und weitere 5 Minuten dünsten. Dann Kartoffeln und Zucchini zugeben und 2–3 Minuten mitdünsten.

2 Tomatenwürfel, Hühnerbrühe und Tomatenmark einrühren. Zum Kochen bringen und zugedeckt 20 Minuten garen. Die tiefgefrorenen Erbsen dazugeben, wieder aufkochen lassen und weitere 5 Minuten garen.

3 Die Buchstabennudeln dazugeben, die Suppe erneut zum Kochen bringen, in 5 Minuten fertigkochen und zum Schluß leicht würzen.

Vorbereitungszeit/Garzeit
10 Minuten / 45 Minuten

Ergibt 8 Portionen

Nährwertinformation
Reich an Beta-Karotin, Ballaststoffen, Folsäure, Vitamin A und C

Zum Einfrieren geeignet

Tip

Sie können die Suppe auch mit Gemüsebrühe zubereiten.

Farfalle mit Frühlingsgemüse

- *125 g Farfalle*
- *30 g Butter*
- *60 g Karotten, gewürfelt*
- *60 g Zucchini, gewürfelt*
- *60 g Brokkoli, in sehr kleine Röschen zerteilt*
- *Salz und Pfeffer zum Abschmecken*
- *150 ml Sahne*
- *30 g frisch gehackte Petersilie*

Ein einfaches Gericht mit großer Wirkung. Zu dieser Sauce passen auch andere Nudelsorten.

1 In einem Topf leicht gesalzenes Wasser zum Kochen bringen, die Nudeln dazugeben und ca. 10 Minuten oder nach Anweisung auf der Packung kochen.

2 In der Zwischenzeit in einer Pfanne mit dickem Boden die Butter zerlaufen lassen und Lauch und Karotten ca. 5 Minuten andünsten. Zucchiniwürfel und Brokkoli dazugeben und ca. 7 Minuten garen, bis alles Gemüse weich ist. Nach Belieben abschmecken.

3 Die Sahne eingießen und unter Rühren 1 Minute kochen. Den Topf vom Herd nehmen und den Parmesan untermischen. Die Sauce über die Nudeln geben und servieren.

Vorbereitungszeit/Garzeit
10 Minuten / 20 Minuten

Ergibt 4 Portionen

Nährwertinformation
Reich an Beta-Karotin, Kalzium, Ballaststoffen, Folsäure, Eiweiß, Vitamin B_{12}, Vitamin C und Zink

Nur Sauce zum Einfrieren geeignet

Minipizzas mit Gesichtern
Kinder haben ein Faible für die lustigen Pizzagesichter. Ältere Kinder können aus einer Reihe von vorbereiteten Zutaten ihre eigenen Werke kreieren.

Pizzamaus
Gedämpfte Zucchinistücke bilden die Ohren, gefüllte Olivenscheiben die Augen, eine schwarze Olive die Nase und Karottenstreifen den Schnurrbart.

Minipizzas

- *2 Brötchen oder 1 kleines Baguette, jeweils halbiert*
- *4 EL gute Tomatensauce (selbstgemacht oder gekauft)*
- *60 g geriebener Cheddar, Greyerzer oder Mozzarella*

Für den Belag

- *15 g Butter*
- *1 EL gehackte Frühlingszwiebeln*
- *60 g Zucchini, in dünne Scheiben geschnitten*
- *60 g Pilze, in Scheiben geschnitten*
- *Salz und Pfeffer zum Würzen*
- *Gemüsemais, rohe Paprikastreifen, Käse, Oliven und frisches Basilikum (nach Belieben)*

Wenn Ihr Kind die Minipizzas selbst belegen darf, macht es ihm mehr Spaß, Gemüse zu essen. Zu speziellen Anlässen kann man Tiergesichter wie oben abgebildet gestalten.

1 Für den Belag die Butter in einem kleinen Topf erhitzen und die Frühlingszwiebeln andünsten. Zucchini und Pilze dazugeben und ca. 4 Minuten weiterdünsten. Das weiche Gemüse nach Belieben würzen.

2 Pizzabrötchen oder Baguette leicht toasten, die Tomatensauce gleichmäßig darauf verteilen und glattstreichen, mit Käse bestreuen. Mit dem zubereiteten Gemüse belegen und nach Belieben Tiergesichter arrangieren. Unter dem vorgeheizten Grill überbacken, bis sich der Käse goldbraun gefärbt hat und Blasen bildet. Danach eventuell mit Gemüsemais, roher Paprikaschote, Käse, Oliven und Basilikum dekorieren.

Vorbereitungszeit/Garzeit
10 Minuten / 15 Minuten

Ergibt 4 Portionen

Nährwertinformation
Reich an Kalzium, Eiweiß, Vitamin A und B.

Weitere Abbildung Seite 87

Kebabs mit Gemüsemais, Kirschtomaten und Tofu

275 g fester Tofu, gewürfelt
6 kleine Gemüsemaiskolben, halbiert
1 Zucchini, geschält und in dickere Scheiben geschnitten
8 Kirschtomaten
4 kleine Pittabrote, halbiert
Salatblätter als Garnitur

MARINADE

1 1/2 EL Sojasauce
1 1/2 EL flüssiger Honig
1 1/2 EL chinesische Pflaumensauce
1 EL Pflanzenöl
etwas Zwiebel, fein gehackt

Tofu (Sojabohnenquark) ist eine nahrhafte Alternative zu Fleisch. Er hat praktisch keinen Eigengeschmack und eignet sich gut zum Marinieren.

1 Die Zutaten für die Marinade in einer kleinen Schüssel vermischen. Den Tofu in eine flache Schale legen und die Marinade darübergießen. Zugedeckt ca. 1 Stunde ziehen lassen. In der Zwischenzeit vier Holzspieße in kaltem Wasser einweichen.

2 Abwechselnd Tofustücke, Gemüsemais, Zucchini und Tomaten auf die Spieße stecken und mit etwas Marinade bestreichen. Unter den vorgeheizten Grill legen und von jeder Seite 3 Minuten garen, dabei mehrmals mit der Marinade übergießen. Das Gemüse soll weich und der Tofu gut braun sein.

3 Die Holzspieße herausziehen, Kebabs in die Pittabrote legen und mit Salatblättern garnieren.

Vorbereitungszeit/Garzeit
65 Minuten inkl. 60 Minuten Marinierzeit / 6 Minuten

Ergibt 4 Portionen

Nährwertinformation
Reich an Kalzium, Ballaststoffen, Folsäure, Eisen, Eiweiß, Vitamin A, C, E und Zink.

Große Abbildung Seite 86

TIP

Sie können Mais und Zucchini vor dem Aufspießen kurz vorkochen.

Bunter Reis mit Kidneybohnen

1 EL Olivenöl
1/2 Zwiebel, gehackt
1 Knoblauchzehe, gepreßt
je 30 g rote und grüne Paprika, entkernt und gewürfelt
30 g Karotten, gewürfelt
125 g weißer Langkornreis, gewaschen
300 ml Hühner- (Rezept Seite 46) oder Gemüsebrühe
1 Tomate, gehäutet, entkernt und gewürfelt
50 g tiefgefrorene Erbsen
60 g gekochte rote Kidneybohnen

Die Kombination aus Kidneybohnen und Reis liefert wertvolles Eiweiß und ist sehr zu empfehlen, wenn ein Kind kein Fleisch ißt.

1 Das Öl in einer Pfanne erhitzen. Zwiebel und Knoblauch darin anbraten, bis beides weich ist. Paprika und Karotten dazugeben und unter gelegentlichem Rühren weitere 2 Minuten braten. Den Reis untermischen und nochmals 2–3 Minuten braten.

2 Mit Brühe aufgießen, Tomatenwürfel hinzufügen und zum Kochen bringen. Hitze reduzieren und zugedeckt 10 Minuten kochen.

3 Erbsen und Bohnen untermischen und 6 Minuten weiterkochen, dabei ab und zu umrühren.

VARIANTE

Die Kidneybohnen durch je 75 g Schinkenwürfel und Mais aus der Dose oder dem Tiefkühlfach ersetzen.

Vorbereitungszeit/Garzeit
5 Minuten / 25 Minuten

Ergibt 4 Portionen

Nährwertinformation
Reich an Beta-Karotin, Ballaststoffen, Folsäure, Eiweiß, Vitamin C und Zink

Süss-saure Gemüsepfanne

1 1/2 EL Pflanzenöl

1 Zwiebel, in Ringe geschnitten

60 g kleine Gemüsemaiskolben, geviertelt

60 g Karotten, in dünne Scheiben geschnitten und mit einem Förmchen ausgestochen

100 g Brokkoli, in kleine Röschen zerteilt

100 g Bohnensprossen

30 g rote Paprika, entkernt und in Streifen geschnitten

1 Frühlingszwiebel, fein gehackt

etwas schwarzer Pfeffer

Süss-saure Sauce

150 ml Gemüsebrühe

1/2 EL Maismehl mit 1 EL Wasser verrührt

2 TL brauner Zucker

1/2 TL Sojasauce

Mit einer bunten Pfanne können Sie Ihrem Kind Gemüse schmackhaft machen. Wichtig ist, daß es knusprig bleibt und damit Geschmack und Nährstoffe behält.

1 Das Öl im Wok oder einer Bratpfanne erhitzen. Zwiebel darin ca. 5 Minuten anbraten. Zuckermais, Karotten und Brokkoli dazugeben und weitere 2 Minuten braten.

2 Nun Bohnensprossen, rote Paprika und Frühlingszwiebeln hinzufügen und wieder 2 Minuten braten. Mit schwarzem Pfeffer abschmecken.

3 Für die Sauce die Hühnerbrühe mit dem angerührten Maismehl in einem kleinen Topf vermischen, braunen Zucker und Sojasauce unterrühren. Bei starker Hitze zum Kochen bringen und ca. 2 Minuten auf dem Herd lassen, bis die Sauce eingedickt ist. Die Sauce über das heiße Gemüse gießen und im Wok nochmals gut erhitzen.

Vorbereitungszeit/Garzeit
15 Minuten / 15 Minuten

Ergibt 4 Portionen

Nährwertinformation
Reich an Beta-Karotin, Ballaststoffen, Folsäure, Eisen und Vitamin C.

Tip

Für kleinere Kinder empfiehlt es sich, Karotten und Brokkoli vorher zu blanchieren, dann können sie das Gemüse leichter kauen.

Gemüsekroketten

500 g Kartoffeln, geschält und in große Stücke geschnitten

etwas Butter

Salz und Pfeffer nach Bedarf

75 g Brokkoli, in kleine Röschen zerteilt

75 g Karotten, gewürfelt

50 g tiefgefrorener Gemüsemais

60 g Cheddar

60 g gesalzene Chips, zerkrümelt

1 Die Kartoffeln in einem großen Topf mit leicht gesalzenem Wasser zum Kochen bringen und weich garen. Abgießen, mit Butter zerdrücken und würzen.

2 Währenddessen das Gemüse in 6–7 Minuten weich dämpfen, unter die Kartoffelmasse mischen und abschmecken.

3 Den Käse in 8 Stangen schneiden. Mit den Händen 8 Kroketten mit dem Käse in der Mitte formen.

4 Die Kroketten in den Chips wenden und auf ein Backblech legen. Im vorgeheizten Ofen 15 Minuten backen.

Vorbereitungszeit/Garzeit
10 Minuten / 40 Minuten

Backofentemperatur
180 °C / Gas Stufe 4

Ergibt 8 Portionen

Nährwertinformation
Reich an Beta-Karotin, Kalzium, Ballaststoffen, Folsäure, Eiweiß, Vitamin B_{12} und C

Zum Einfrieren geeignet

Annabels Gemüsefrikadellen

200 g Süßkartoffeln, geschält

100 g Butternuß- oder Gartenkürbis, geschält

150 g Kartoffeln

75 g Lauch, nur weiße Teile, fein gehackt

150 g Pilze, gehackt

2 EL frische Petersilie, gehackt

125 g Brotkrümel

1/2 EL Sojasauce

1/2 leicht geschlagenes Ei

Salz und Pfeffer nach Bedarf

Mehl zum Wenden

Pflanzenöl zum Braten

Die Frikadellen schmecken auch kalt und sind deshalb eine ideale Beigabe für Lunchpakete.

1 Süßkartoffeln, Butternuß- oder Gartenkürbis und Kartoffeln reiben, mit der Hand überschüssigen Saft ausdrücken.

2 In einer Rührschüssel den Lauch und die Pilze sowie Petersilie, Brotkrümel, Sojasauce und das geschlagene Ei vermischen und abschmecken.

3 Ungefähr 12 walnußgroße Frikadellen formen und leicht in Mehl wenden.

4 Das Öl in einer großen Bratpfanne erhitzen und die Frikadellen bei mittlerer Hitze 8–10 Minuten von allen Seiten braten. Sie sollten außen goldbraun und in der Mitte gut durch sein.

Vorbereitungszeit/Garzeit
25 Minuten / 10 Minuten

Backofentemperatur
180 °C / Gas Stufe 4

Ergibt 4 Portionen

Nährwertinformation
Reich an Beta-Karotin, Kalzium, Ballaststoffen, Eisen, B-Vitaminen, Vitamin C und E

Zum Einfrieren geeignet

Tip

Am besten schmeckt dieses Rezept mit weichen Weißbrotkrümeln, Sie können aber auch Krümel aus Vollkornbrot verwenden.

Seesterne

- *500 g kalte zerdrückte Kartoffeln*
- *2 EL Tomatenketchup*
- *1 TL Worcestershire-Sauce*
- *1 Ei, leicht geschlagen*
- *2 EL Schnittlauch*
- *375 g gekochtes Lachsfilet, zerteilt*
- *3 EL frische Semmelbrösel und etwas zusätzlich zum Wenden*
- *etwas geschmolzene Butter*

Ich serviere die Seesterne mit »Seetang« aus grünen Bohnen und der Tomatensauce »Spezial« (Rezept Seite 122).

1 Die Kartoffeln mit Tomatenketchup, Worcestershire-Sauce, Ei und Schnittlauch vermischen. Dann den Lachs und 3 Eßlöffel Semmelbrösel dazugeben. Die Masse zu flachen Frikadellen formen.

2 Mit einem Förmchen 8 Sterne ausstechen, in den Semmelbröseln wenden und mit Butter bestreichen.

3 Die Fischfrikadellen auf ein leicht gefettetes Backblech legen und im vorgeheizten Ofen auf jeder Seite 4 Minuten backen.

Vorbereitungszeit/Garzeit
20 Minuten / 8 Minuten

Backofentemperatur
180 °C / Gas Stufe 4

Ergibt 8 Portionen

Nährwertinformation
Reich an Folsäure, Eiweiß, B-Vitaminen und Vitamin D

Zum Einfrieren geeignet

Tip
Sie können die Frikadellen auch in der Pfanne braten.

Goldbraune Fischbällchen

- *Pflanzenöl zum Braten*
- *etwas Butter*
- *1 Zwiebel, fein gehackt*
- *500 g fein gehackter Fisch, z. B. Schellfisch, Brasse, Merlan, Kabeljau oder Seehecht*
- *60 g Karotten, fein gerieben*
- *1 EL frische Petersilie, gehackt*
- *2 TL Zucker*
- *1/2 leicht geschlagenes Ei*
- *1 EL Mehl*
- *Salz und Pfeffer nach Bedarf*

Die Bällchen sind goldrichtig zum Essen mit den Fingern. Sie schmecken nicht zu intensiv nach Fisch und sind leicht süßlich. Ich lasse die Hackmischung beim Fischhändler zubereiten, Sie können den Fisch aber auch mit der Küchenmaschine zerkleinern.

1 Einen Teelöffel Pflanzenöl und die Butter in einer kleinen Bratpfanne erhitzen. Die Zwiebeln darin ca. 5 Minuten dünsten.

2 Den gehackten Fisch mit Zwiebeln, Karotten, Petersilie, Zucker, geschlagenem Ei und Mehl in einer Schüssel vermischen. Nach Belieben würzen und ca. 24 etwa kirschtomatengroße Bällchen daraus formen.

3 3 Eßlöffel Pflanzenöl in der Pfanne erhitzen und die Fischbällchen ca. 10 Minuten von allen Seiten goldbraun braten. Auf Küchenkrepp abtropfen lassen.

Vorbereitungszeit/Garzeit
5 Minuten / 20 Minuten

Ergibt 8 Portionen

Nährwertinformation
Reich an Eiweiß, Vitamin A, B_{12} und E

Zum Einfrieren geeignet

HÄHNCHEN-REIS-EINTOPF

2 TL Olivenöl
1 Zwiebel, fein gehackt
60 g Karotten, gewürfelt
1 EL frische Petersilie, gehackt
125 g Hähnchenbrust, gewürfelt
175 g Basmatireis, gewaschen
350 ml Hühnerbrühe (Rezept Seite 46)
200 g Dosentomaten, gewürfelt
60 g tiefgefrorene Erbsen
2 EL frisch geriebener Parmesan

Während ein echter Risotto viel Aufmerksamkeit benötigt, ist dieses Gericht sehr einfach zuzubereiten.

1 Das Öl in einer Pfanne erhitzen und die Zwiebeln darin weich dünsten. Karotten und Petersilie zugeben und 2–3 Minuten weiterdünsten. Das Hähnchen hinzufügen und nochmals 2–3 Minuten braten.

2 Den Reis dazugeben und 1 Minute rühren. Mit der Hühnerbrühe aufgießen und Tomaten und Erbsen untermischen. Alles zum Kochen bringen, dann zugedeckt ca. 15 Minuten garen.

3 Den Deckel abnehmen und unter gelegentlichem Rühren 5 Minuten weiterkochen, bis der Reis weich ist. Den Topf vom Herd nehmen und den Parmesan untermischen.

Vorbereitungszeit/Garzeit
5 Minuten / 30 Minuten

Ergibt 8 Portionen

Nährwertinformation
Reich an Beta-Karotin, Kalzium, Folsäure, Eiweiß und Zink

Zum Einfrieren geeignet

KNUSPRIGE HÄHNCHENSTREIFEN

Salz und Pfeffer zum Würzen
30 g Mehl
1 Hähnchenbrust, in 6 Streifen geschnitten
1 kleines Ei, leicht geschlagen
50 g Cornflakes, mit einer Teigrolle zerkrümelt
2 EL Pflanzenöl

Die knusprigen Hähnchenstreifen sind ideale Happen für zwischendurch.

1 Das Mehl leicht würzen und in eine Plastiktüte füllen. Die Hähnchenstreifen dazugeben und durchschütteln, bis diese rundum mit Mehl bedeckt sind.

2 Die Hähnchenteile dann der Reihe nach in Ei und Cornflakes wenden. Das Öl erhitzen und die Streifen ca. 6 Minuten auf jeder Seite braten – sie sollen außen knusprig und innen gut durch sein.

Vorbereitungszeit/Garzeit
5 Minuten / 13 Minuten

Ergibt 2 Portionen

Nährwertinformation
Reich an Folsäure, Eisen, Eiweiß und B-Vitaminen

Vor dem Braten zum Einfrieren geeignet

HÄHNCHEN-KEBABS IN HONIG-ZITRONEN-MARINADE

1 Hähnchenbrust ohne Knochen und 4 Keulen, gehäutet
1/2 rote Paprikaschote, gewürfelt
1/2 kleine Zwiebel, gewürfelt
4 kleine Pittabrote, halbiert
Salatblätter zum Garnieren

MARINADE

1 EL Sojasauce
1 EL flüssiger Honig
je 1 EL frisch gepreßter Zitronen- und Orangensaft
1 EL Pflanzenöl

Verwenden Sie für diese pikanten Kebabs ruhig auch andere Gemüsesorten wie Pilze oder Zucchini.

1 Die Zutaten für die Marinade in einer Schüssel verrühren. Die Hähnchenteile in kleine Stücke schneiden und mit Paprika und Zwiebel unter die Marinade mischen. Zugedeckt mindestens 30 Minuten ziehen lassen. In der Zwischenzeit vier Holzspieße in kaltem Wasser einweichen.

2 Abwechselnd Hähnchen-, Paprika- und Zwiebelwürfel auf die Spieße stecken. Unter dem vorgeheizten Grill auf jeder Seite 5 Minuten garen, so daß sie außen appetitlich braun und innen gut durch sind.

3 Holzspieße entfernen, Hähnchen und Gemüse in die Pittabrote füllen, mit Salatblättern garnieren.

Vorbereitungszeit/Garzeit
35 Minuten / 10 Minuten

Ergibt 4 Portionen

Nährwertinformation
Reich an Beta-Karotin, Folsäure, Eisen, Eiweiß, B-Vitaminen, Vitamin C und Zink.

Abbildung Seite 86

TIP

Sie können den Geschmack variieren, indem Sie 1/2 Eßlöffel Sesamsamen zugeben.

Sauce Bolognese mit Hähnchenfleisch

- *2 EL Pflanzenöl*
- *1 Schalotte, fein gehackt*
- *1 Knoblauchzehe, gepreßt*
- *1 Stange Lauch, geputzt und in Streifen geschnitten*
- *500 g gehacktes Hähnchenfleisch*
- *1 Karotte, gewürfelt*
- *400 g Dosentomaten, gewürfelt*
- *125 ml Wasser*
- *1 TL Zucker*
- *2 TL Tomatenketchup*
- *2 TL frischer Thymian*
- *Salz und Pfeffer zum Würzen*

Mit Hähnchen- oder Putenhack läßt sich eine vorzügliche Nudelsauce bereiten. Diese Version eignet sich auch gut zum Füllen von Cannelloni. Haben Sie gerade keinen frischen Thymian, können Sie sich mit 1/2 Eßlöffel getrocknetem behelfen.

1 Das Pflanzenöl in einer Bratpfanne erhitzen, Schalotte und Knoblauch bei niedriger Hitze 2–3 Minuten andünsten. Den Lauch dazugeben und ca. 3 Minuten mitdünsten, bis er allmählich weich wird.

2 Hähnchenhack dazugeben, mit einer Gabel zerteilen und ca. 3 Minuten weiterbraten. Dann Karotten und alle weiteren Zutaten untermischen.

3 Alles zum Kochen bringen und ca. 20 Minuten garen, dabei gelegentlich umrühren. Das Gemüse soll weich und das Fleisch gut durch sein. Leicht würzen und mit Nudeln servieren.

Vorbereitungszeit/Garzeit
5 Minuten / 30 Minuten

Ergibt 8 Portionen

Nährwertinformation
Reich an Beta-Karotin, Folsäure, Eiweiß, Vitamin B und Zink

Zum Einfrieren geeignet

Lammfleischbällchen mit süss-saurer Sauce

- *250 g gehacktes Lammfleisch*
- *1 Zwiebel, fein gehackt*
- *1/2 rote Paprika, fein gehackt*
- *1 EL feingehackte frische Petersilie*
- *1 kleiner Apfel, geschält und gerieben*
- *Salz und Pfeffer nach Belieben*
- *Mehl zum Wenden*
- *2 EL Pflanzenöl zum Braten*

Süss-saure Sauce

- *400 g Dosentomaten, gewürfelt*
- *1 EL Malzessig*
- *1 EL brauner Zucker*
- *1 EL Tomatenketchup*
- *ein Spritzer Worcestershire-Sauce*

Zu den leichten, saftigen Fleischbällchen in pikanter Tomatensauce servieren Sie am besten Reis oder Nudeln. Ohne Sauce eignen sie sich auch als Imbiß, der mit den Fingern gegessen werden kann.

1 Alle Zutaten für die Fleischmasse vermischen, würzen und ca. 16 kleine Bällchen daraus formen. Diese von allen Seiten in Mehl wenden.

2 Das Pflanzenöl in einer Bratpfanne erhitzen, die Fleischbällchen unter regelmäßigem Wenden 10–15 Minuten darin braten, bis sie außen gebräunt und fast durch sind.

3 In der Zwischenzeit die Zutaten für die Sauce zusammen in einem kleinen Topf bei mittlerer Hitze 4 Minuten kochen. Nach Belieben abschmecken.

4 Die Sauce über die Fleichbällchen in der Pfanne gießen und bei mittlerer Hitze ca. 10 Minuten kochen, bis die Sauce eingedickt ist und die Bällchen gut durchgegart sind.

Vorbereitungszeit/Garzeit
20 Minuten / 25 Minuten

Ergibt 8 Portionen

Nährwertinformation
Reich an Folsäure, Eisen, Eiweiß, B-Vitaminen inkl. B_{12} und Zink

Zum Einfrieren geeignet

HAFER-ROSINEN-KEKSE

100 g ungesalzene Butter
100 g Zuckergranulat
100 g brauner Zucker
1 Ei
1 TL Vanilleextrakt
125 g Vollkornmehl
1 TL Gewürzmischung
1/2 TL Backpulver
1/2 TL Natron
1/4 TL Salz
75 g Haferflocken
175 g Rosinen

1 Butter und Zucker mit der Küchenmaschine oder per Hand schaumig rühren, Ei und Vanilleextrakt unterrühren.

2 Mehl, Gewürzmischung, Backpulver, Natron und Salz miteinander sieben und gut mit dieser Masse verrühren. Dann Haferflocken und Rosinen dazugeben.

3 Zwei Backbleche leicht einfetten. Mit den Händen 22 walnußgroße Kugeln aus dem Teig formen. Mit reichlich Abstand auf den Blechen verteilen und etwas flachdrücken.

4 Im vorgeheizten Ofen ca. 10 Minuten goldbraun backen. Auf einem Gitter abkühlen lassen. In einer luftdichten Dose aufbewahren.

Vorbereitungszeit/Garzeit
20 Minuten / 10 Minuten

Backofentemperatur
190 °C / Gas Stufe 5

Ergibt 22 Kekse

Zum Einfrieren geeignet

BANANEN-MUFFINS

60 g Kleieflocken
300 ml Milch
125 g Vollkornmehl
1/2 TL Salz
1 EL Backpulver
60 g Butter
60 g Zucker
1 Ei
2 Bananen, zerdrückt
100 g Rosinen

Diese Muffins enthalten eine Fülle wertvoller, natürlicher Zutaten. Sie sind ideal zum Mitnehmen, wenn mal keine Zeit für ein ausgiebiges Frühstück war.

1 Die Kleieflocken 10 Minuten in Milch einweichen. Mehl, Salz und Backpulver sieben und vermischen.

2 Butter und Zucker schaumig rühren, dann das Ei zugeben. Abwechselnd löffelweise die eingeweichten Flocken und die Mehlmischung unterrühren. Zerdrückte Bananen und Rosinen vorsichtig untermischen.

3 Muffin-Förmchen zur Hälfte mit dem Teig füllen und im vorgeheizten Ofen 30 Minuten backen.

Vorbereitungszeit/Garzeit
15 Minuten / 30 Minuten

Backofentemperatur
180 °C / Gas Stufe 4

Ergibt 12 Muffins

Nährwertinformation
Reich an Ballaststoffen, Folsäure, Eisen, B-Vitaminen inkl. B_{12}

Zum Einfrieren geeignet

ERDBEER-BANANEN-SHAKE

125 g Erdbeeren
1 kleine Banane, in Stücke geschnitten
150 g Vanillejoghurt
4 EL Milch, bei Bedarf evtl. mehr

Obst-Joghurt-Shakes schmecken und machen satt. Für besondere Gelegenheiten können Sie den Joghurt durch Vanilleeis ersetzen.

Alle Zutaten ganz glatt pürieren. Wenn nötig etwas mehr Milch zugeben.

VARIANTE

3 Eßlöffel heiße Milch mit 3 Eßlöffel Instant-Getreidekaffee vermischen. 150 ml kalte Milch, 2 Kugeln Schokoladeneis und 2 Schokoladenkekse (nach Belieben) dazugeben und alles gut pürieren.

Vorbereitungszeit
5 Minuten

Ergibt 2 Portionen

Nährwertinformation
Reich an Kalzium, Folsäure, Eiweiß, Vitamin B_{12} und C

TIP

Wenn die Erdbeeren nicht süß sind, kann man mit etwas Zucker oder Honig nachhelfen.

DREI-SCHICHTEN-EISLOLLY

EISLOLLY MIT SOMMERFRÜCHTEN

EISLOLLY AUS SAFT VON ORANGEN, ANANAS UND PASSIONSFRÜCHTEN

SELBSTGEMACHTE EISLOLLIES

250 g frische oder tiefgefrorene Sommerfrüchte (Erdbeeren, Himbeeren, Blaubeeren, entsteinte Kirschen, Brombeeren, rote Johannisbeeren)

2 EL Puderzucker, gesiebt

150 ml leicht gezuckerter schwarzer Johannisbeersaft

300 g Himbeer- oder Erdbeerjoghurt

500 ml frisch gepreßter Obstssaft

Damit liegen Sie immer richtig – und die Lollies enthalten auch noch jede Menge gesunder Zutaten: pürierte Früchte, Joghurt und frische Obstsäfte. Die dreilagige Version macht besonders viel her.

1 Die Früchte mit dem Zucker in einem Topf einige Minuten bei niedriger Hitze erwärmen, bis sie musig werden. Pürieren, den schwarzen Johannisbeersaft dazugießen und alles durchsieben, dann kühl stellen.

2 Diese Mischung in 10–12 Lolly-Förmchen füllen (jeweils 1/3 voll) und tiefkühlen. Wenn die erste Schicht fest ist, ungefähr 2,5 cm mit Joghurt auffüllen und wieder tiefkühlen. Ist auch diese Schicht fest, fast bis zum Rand mit dem frischen Saft auffüllen und den Deckel mit Stiel aufsetzen. Wieder ins Eisfach stellen.

3 Nach dem Herausnehmen die Förmchen einige Sekunden unter heißes Wasser halten und die Lollies herausziehen.

VARIANTE

In jedes der 12 Förmchen eine Erdbeerscheibe legen. 900 ml durchgesiebten frisch gepreßten Orangensaft mit 350 ml Ananassaft oder anderen exotischen Säften vermischen. Dann den durchgesiebten Saft von 6 Passionsfrüchten unterrühren, in die Förmchen verteilen, Deckel aufsetzen und tiefkühlen.

Zubereitungszeit
3–4 Stunden
(inkl. Gefrierzeit)

Ergibt 10–12 Lollies (je nach Größe der Förmchen)

Nährwertinformation
Reich an Vitamin C

TIP

Noch attraktiver sehen die Lollies aus, wenn Sie vor dem Einfüllen der Flüssigkeit eine Obstscheibe oder eine frische Himbeere in das Förmchen legen.

2-3 Jahre

Mit zwei Jahren sollte Ihr Kind regelmässig bei den Familienmahlzeiten mit am Tisch sitzen und kontinuierlich sein Spektrum an Geschmacksnoten erweitern. In dieser Zeit kann man sehr leicht das Interesse am Essen fördern, etwa indem das Kind beim Kochen einfache Aufgaben übernehmen darf oder zur Geburtstagsparty mit aussucht, was den Freunden serviert wird.

Das Kleinkindalter

KINDER DIESER ALTERSGRUPPE schenken ihrem Essen oft größte Aufmerksamkeit, besonders dann, wenn es nicht ganz alltäglich angerichtet ist. Es ist immer wieder erstaunlich, welche Ruhe einkehrt, wenn sich eine Gruppe Zwei- bis Dreijähriger um einen üppig gedeckten Tisch versammelt. Natürlich gibt es auch in diesem Alter heikle und wählerische Esser. Aber unabhängig davon wird Ihr Kind eine Menge Zeit mit Ihnen in der Küche verbringen.

Essen für einen aktiven Tag

Zwei- und Dreijährige sind höchst aktiv und haben meist kein Gramm zuviel auf den Knochen. Ihr Kind braucht viele kleinere Mahlzeiten, um den hohen Energiebedarf zu decken; manchmal ist ein schneller Energieschub auch das einzig wirksame Mittel, wenn es übermüdet oder unleidig ist. Zucker und Kohlenhydrate aus raffinierten Produkten (wie Limonade oder Schokoladenkekse) werden vom Körper schnell in Glukose und damit in Energie umgewandelt, doch gesündere Kalorien liefern Obst oder Fruchtsäfte, die ebenso schnell umgesetzt werden. Nicht raffinierte Kohlenhydrate, wie sie in Brot, Kartoffeln oder selbstgebackenen Keksen (Rezept Seite 98) enthalten sind, werden langsamer in Glukose umgewandelt, sind dafür aber konstantere Energiequellen.

»ERSTE-HILFE«-SPEISEN

SCHNELLE ENERGIE LIEFERN
- eine Schale Cornflakes
- frisches oder getrocknetes Obst
- Joghurt mit Honig

ANHALTENDE ENERGIE LIEFERN
- rohes Gemüse mit Dip
- Brot mit Schinken, Thunfisch oder Käse
- Gebackene Kartoffeln mit Füllung
- Salat mit hartgekochtem Ei
- Hafer- oder Reiscracker mit Käse
- Milchshakes mit Obst

Kochen macht Spaß

Kinder entwickeln nachhaltiges Interesse am Essen, wenn sie schon früh beim Kochen mithelfen dürfen. Die kleinen Köche fühlen sich ganz groß, wenn sie sich beim Tischdecken, Teigkneten oder Umrühren nützlich machen können. Was für Erwachsene ganz selbstverständlich ist, empfinden Kinder oft als unglaublich spannend. Denken Sie nur an die vielen Möglichkeiten, ein Ei zu verarbeiten, oder wie die Zutaten durch Aufwärmen oder Abkühlen ihre Form, Farbe und Konsistenz verändern – all das ist für Kinder neu. Räumen Sie scharfe Messer oder Elektrogeräte aus dem Weg, es gibt genügend andere Tätigkeiten, die Ihr Kind unter Aufsicht ausführen kann, etwa ein Ei aufschlagen. In diesem Buch finden Sie einfache Rezepte, bei denen Kinder gut mithelfen können. Versuchen Sie es mit Minipizzas (Seite 91), Käsebrot-Tieren (Seite 106), Süßen Freunden (Seite 114), Mürbeteig-Plätzchen (Seite 115) oder Aprikosen-Getreide-Riegeln (Seite 131).

NEUE FERTIGKEITEN
Oft hat Ihr Kind an den größten Kleckereien den meisten Spaß. Lassen Sie es experimentieren.

Gemeinsam essen

Mit 2 Jahren sitzt Ihr Kind nun im Hochstuhl mit am Tisch und ißt bis auf wenige Ausnahmen das gleiche wie der Rest der Familie, wenn vielleicht auch zu anderen Zeiten. Wenn es sich allein am Tisch befindet, wird es versuchen, die ganze Aufmerksamkeit auf sich zu lenken, was mit großer Wahrscheinlichkeit zu Ärger führt. Vermitteln Sie Ihrem Kind Freude an den Mahlzeiten – lassen Sie es so oft wie möglich mit der Familie essen. Sie müssen nicht ununterbrochen Neues auf den Tisch bringen, aber sicherlich hilft es, die Gerichte »kindgerecht« zu servieren. Selbst die einfachsten Speisen kann man mit wenig Aufwand so anrichten, daß sie in Form und Farbe dem kindlichen Auge gefallen. Wenn Sie zum Beispiel frisches Obst nach einem bestimmten Muster arrangieren, hat ein kleiner Esser gleich mehr Spaß und Interesse daran.

»FALSCHES SPIEGELEI«
Vanillejoghurt mit einer halben Aprikose – einfach, aber wirkungsvoll.

EIN APPETITLICHER DIP
Die bunte Anordnung von Gemüse- und Brotstreifen wirkt appetitanregend.

AUFLAUF NACH HIRTENART
Die Miniportion darf Ihr Kind selbst dekorieren.

ZU BEACHTEN

- SORGEN SIE immer für ausreichend Vorrat an Produkten, mit denen Ihr Kind schnell Energie auftanken kann.
- WARTEN SIE NICHT zu lange mit dem Essen, wenn Ihr Kind Hunger signalisiert. Es verfügt noch über wenig Geduld und wird schnell unleidig.
- GEWÖHNEN SIE Ihr Kind in diesem Alter an Speisen, die nicht zu stark gesüßt sind. Wenn Sie jetzt Zucker einschränken, wird es mit großer Wahrscheinlichkeit auch später nicht so sehr auf Süßigkeiten aus sein.
- BESTEHT Ihr Kind auf seinen ganz »speziellen« Utensilien zum Essen, nehmen Sie diese Launen am besten mit Humor.
- LASSEN SIE Ihr Kind einfache Aufgaben beim Kochen übernehmen. Damit wecken Sie das Interesse am Essen und Freude an den Mahlzeiten.

ÜBERGEWICHT

Übergewicht als Folge falscher Ernährungsgewohnheiten ist in unserer westlichen Welt eine Volkskrankheit. Wer in der Kindheit schon darunter leidet, wird mit großer Wahrscheinlichkeit auch als Erwachsener Probleme damit haben. Bei Kindern nimmt mit dem Alter meist auch das Zuviel an Pfunden zu. Es gibt zwar keine gesicherten Hinweise darauf, daß Fettleibigkeit erblich bedingt ist, doch kann man häufig beobachten, daß das Phänomen innerhalb ein und derselben Familie vermehrt auftritt. Wenn Sie jedoch konsequent auf gesunde Ernährung achten, müßte die Gewichtszunahme Ihres Kindes auf Dauer in der richtigen Relation zum Wachstum stehen. Ist ein Kind bereits übergewichtig, raten Fachleute in der Regel zu einer Änderung der Ernährungsgewohnheiten innerhalb der Familie anstatt zu einer strikten Reduzierung der Mengen. Kein Kind sollte Hunger leiden, aber wenn die aufgenommene Nahrung zu 99 Prozent aus Kohlenhydraten besteht, wie sie in stärkehaltigen Getreideprodukten sowie in Obst, Gemüse, fettarmen Milchprodukten und Fisch oder magerem Fleisch enthalten sind, haben Zucker sowie sehr fette Nahrungsmittel und Fertigprodukte automatisch keinen Platz mehr im Speiseplan. Die meisten Babys sind irgendwann einmal pummelig, meist kurz bevor sie zu laufen beginnen, das ist ganz normal und richtig. Je aktiver die Kinder aber werden, um so weniger wiegen sie. Mehr Bewegung ist überhaupt der Schlüssel zur Reduzierung von Übergewicht.

Feste feiern

HIER FINDEN SIE attraktive Rezepte für Kinderfeste. Sie können die Party kulinarisch unter ein bestimmtes Motto stellen, zum Beispiel die Speisen in Form von Figuren anrichten oder eine bestimmte Farbpalette einhalten. Bieten Sie nicht nur Süßes an, die meist gesünderen pikanten Gerichte kann man genauso interessant dekorieren – aber servieren Sie diese grundsätzlich vor den Süßspeisen.

BELEGTE BROTE
Kleine belegte Brötchen können jüngere Kinder mit den Fingern essen. Diese hier sind mit Butter oder Frischkäse bestrichen und mit Gurken- oder Tomatenscheiben, milden Käse- oder Schinkenquadraten und Rosetten aus geräucherter Putenbrust belegt. (Rezept Seite 89)

ANNABELS NUDELSALAT
Bunte Nudeln mit viel Gemüse und einem frischen Dressing schmecken Kindern und Eltern gleichermaßen. (Rezept Seite 108)

Zum Ausstechen eignen sich Plätzchenformen

Mürbeteig-Plätzchen und Götterspeise
Die Plätzchen mit Puderzuckerglasur kann man in jeder beliebigen Form gut im voraus zubereiten. Die Götterspeise in der Mitte nimmt das Sternenmotto auf. (Rezepte Seite 115 und 79)

Hier »blühen« kleine Puderzuckerkügelchen

Kuchenpaket
Der Geburtstagskuchen aus Biskuitteig in Form von verschieden großen Paketen ist ein hübscher Blickfang für die Mitte der Festtagstafel. (Rezept Seite 115)

Chicken-Nuggets in Herzform
Hähnchen-Apfel-Herzen, innen saftig und außen schön knusprig – das mögen kleine Gäste. (Rezept Seite 110)

TOMATENSUPPE

1 EL Olivenöl
1 Knoblauchzehe, gepreßt
1 Zwiebel, gehackt
75 g Karotten, gewürfelt
400 g Tomaten aus der Dose oder 8 frische Tomaten
1 EL Tomatenmark
600 ml Gemüsebrühe
2 Scheiben Weißbrot, zerkleinert
Salz und Pfeffer
eine Prise Zucker
2 EL frisches Basilikum

Eine gute hausgemachte Tomatensuppe gehört bei den meisten Kindern zu den Leibspeisen. Ich nehme dafür lieber Dosentomaten, weil sie in der Regel mehr Aroma besitzen als frische. Wenn Sie jedoch reife, vollaromatische Tomaten bekommen, sind diese ebensogut geeignet.

1 Das Olivenöl in einem großen Topf bei niedriger Hitze erwärmen, Knoblauch, Zwiebel und Karotten andünsten.

2 Die restlichen Zutaten außer Basilikum dazugeben. Unter gelegentlichem Rühren 10 Minuten kochen, bis das Gemüse weich ist.

3 Basilikum zerpflücken, untermischen und 5 Minuten mitkochen. Mit dem Mixer pürieren.

Vorbereitungszeit/Garzeit
10 Minuten / 26 Minuten

Ergibt 8 Portionen

Nährwertinformation
Reich an Beta-Karotin und Folsäure

Zum Einfrieren geeignet

KÄSEBROT-TIERE

250 g Weißmehl und Mehl zum Bearbeiten
eine Prise Salz
1/2 Päckchen Schnellbackhefe
1/2 TL Honig
eine Prise Cayennepfeffer
1 TL Senfmehl
ca. 150 ml warmes Wasser
60 g geriebener reifer Cheddar
2 EL frisch geriebener Parmesan

ZUM DEKORIEREN

1 geschlagenes Ei
Korinthen
Sesamsamen
Mohnsamen
geriebener Cheddar

Kinder lieben Brotbacken, weil sich der Teig ähnlich wie Knetmasse anfühlt. Sie werden mit Ihren Helfern viel Spaß bei dieser Arbeit haben.

1 Mehl und Salz in eine Teigschüssel sieben. Hefe, Honig, Cayennepfeffer und Senfmehl dazugeben und soviel Wasser, daß ein weicher Teig entsteht.

2 Den Teig auf eine bemehlte Fläche legen und ca. 5 Minuten durchkneten, bis er glatt und geschmeidig ist. Nach und nach den geriebenen Käse einarbeiten (der Teig wird dadurch mit Streifen durchzogen).

3 Aus dem Teig 6 Tiere formen und auf ein bemehltes Backblech legen. Mit einem Küchenhandtuch bedecken und an einem warmen Ort ca. 1 Stunde gehen lassen, bis die Tiere etwa doppelt so groß sind.

4 Mit dem geschlagenen Ei bestreichen und Korinthen als Augen einsetzen. Sesam, Mohn oder geriebenen Käse darüberstreuen. Die Tiere im vorgeheizten Ofen ca. 20 Minuten backen, bis sie goldbraun sind. Die Unterseite sollte hohl klingen, wenn man dagegen klopft. Auf einem Gitter auskühlen lassen.

VARIANTE

Sie können daraus auch Zwiebel-Käse-Rollen backen, wenn Sie in den Teig am Ende von Schritt 2 noch 1 Eßlöffel feingehackte Frühlingszwiebeln einarbeiten.

Vorbereitungszeit/Garzeit
1 1/2 Stunden inkl. 1 Stunde Gehzeit / 20 Minuten

Backofentemperatur
200 °C / Gas Stufe 6

Ergibt 6 Brottiere

Nährwertinformation
Reich an Kalzium, Folsäure, Eiweiß, Vitamin B_{12} und Zink

Zum Einfrieren geeignet

Kleine Ofenkartoffeln

- *3 kleine mehlige Kartoffeln*
- *Öl und Meersalz zum Bestreichen*

Preiselbeer-Puten-Füllung

- *1 TL Preiselbeersauce*
- *1 EL weiche Erdnußbutter*
- *1 TL Milch*
- *60 g Putenstreifen*

Thunfisch-Mais-Füllung

- *60 g gekochter Gemüsemais*
- *2 EL Mayonnaise*
- *60 g zerkleinerter Thunfisch, abgetropft*
- *1 Frühlingszwiebel, fein gehackt*
- *frisch gemahlener schwarzer Pfeffer*
- *1 EL geriebener Cheddar*

Barbecue-Bohnen-Füllung

- *250 Barbecue-Baked beans oder Baked beans, mit Worcestershire-Sauce gewürzt*
- *1 EL geriebener Cheddar*

Die kleinen Ofenkartoffeln sind an Attraktion kaum mehr zu übertreffen, wenn sie in Form kleiner Segelschiffchen auf dem Teller vor Anker gehen. Nehmen Sie als Segel ein Käsedreieck und als Flagge ein Stückchen rote Paprika. Jede der hier beschriebenen Füllungen reicht für 3 Kartoffeln.

1 Die Kartoffeln waschen, trockentupfen, mit einer Gabel einstechen, mit Öl bepinseln und mit etwas Meersalz bestreuen. Im vorgeheizten Ofen ca. 40 Minuten backen. Sie sollten außen kroß und innen weich sein (mit einem Holzspieß testen).

2 Die Kartoffeln halbieren, aushöhlen und die Kartoffelmasse in einer Schüssel gut zerdrücken. Die Zutaten für eine Füllung nach Ihrer Wahl damit vermischen und wieder in die Kartoffelhälften füllen. Wenn Sie geriebenen Käse verwenden, diesen darüberstreuen.

3 Die Kartoffeln unter dem vorgeheizten Grill (am besten auf einem Blech) einige Minuten erhitzen, bis sie oben golden gefärbt sind. Nach Belieben als Segelschiffe dekorieren, für den Mast eignen sich Cocktailspießchen.

Vorbereitungszeit/Garzeit
10 Minuten / 45 Minuten

Backofentemperatur
200 °C / Gas Stufe 6

Ergibt 6 Portionen

Nährwertinformation
Preiselbeer-Puten-Füllung: reich an Folsäure, Eiweiß und Vitamin B_{12}
Thunfisch-Mais-Füllung: reich an Folsäure und Vitamin B_{12}
Barbecue-Bohnen-Füllung: reich an Folsäure, Ballaststoffen und Eiweiß

Ohne Dekoration zum Einfrieren geeignet

Tip
Cocktailspießchen gleich nach dem Servieren entfernen.

»Thousand Island«-Salatsauce

- *6 EL Naturjoghurt*
- *3 EL Mayonnaise*
- *3 EL Tomatenketchup*
- *1/2 TL Worcestershire-Sauce*
- *Salz und Pfeffer nach Bedarf*

Ein vielseitiges Dressing, besonders geeignet für Kopfsalat, Tomatenscheiben und Avocado. Als Garnitur paßt 1 Eßlöffel frisch gehackte Petersilie.

Alle Zutaten vermischen, in eine saubere Schale umfüllen und kühl stellen oder gut mit dem Schneebesen verrühren und sofort servieren.

Zubereitungszeit
2 Minuten

Ergibt 4 Portionen

Nährwertinformation
Reich an Vitamin B_{12} und E

Annabels Nudelsalat

150 g Farfalle
60 g grüne Bohnen
60 g Karotten, in Scheiben geschnitten
100 g tiefgefrorener Gemüsemais
4 Kirschtomaten, geviertelt

Dressing

30 g Zwiebel, gerieben
4 EL Pflanzenöl
1 EL Weißweinessig
2 EL Wasser
1/2 TL gehackter frischer Ingwer
1 EL Sellerie, gehackt
1 EL Sojasauce
1 1/2 TL Tomatenmark
1 TL Zucker
Salz und Pfeffer nach Bedarf

Meine Kinder lieben dieses Dressing als Dip für Rohkost. Der Salat eignet sich auch gut zum Mitnehmen, für ein Picknick oder als Beilage (warm oder kalt). Verwenden Sie am besten Nudeln in drei verschiedenen Farben.

1 Leicht gesalzenes Wasser in einem Topf zum Kochen bringen, die Nudeln in ca. 10 Minuten darin weich kochen (oder nach Anweisung auf der Packung).

2 Inzwischen Bohnen und Karotten im Dampfkochtopf ca. 4 Minuten garen. Den Gemüsemais dazugeben und 3–4 Minuten mitdämpfen.

3 Alle Zutaten für das Dressing in einem Mixbecher oder mit der Küchenmaschine pürieren, etwas Salz und Pfeffer dazugeben und nochmals ganz fein pürieren. Die gekochten Nudeln, das Gemüse und die Kirschtomaten vermischen und einen Teil des Dressings darübergießen.

Variante

Zusätzlich 30 g gewürfelte Salatgurke, 75 g kaltes gewürfeltes Hähnchenfleisch oder Thunfisch in den Salat mischen und das Gemüse nach Belieben variieren.

Vorbereitungszeit/Garzeit
10 Minuten / 12 Minuten

Ergibt 4 Portionen

Nährwertinformation
Reich an Beta-Karotin, Ballaststoffen und Folsäure

Große Abbildung Seite 104

Penne mit Gemüsemais, Thunfisch und Tomaten

200 g Thunfisch aus der Dose
1 Knoblauchzehe, gepreßt
1 kleine Zwiebel, in Ringe geschnitten
175 g Penne
400 g Dosentomaten, gewürfelt
1 EL Tomatenmark
2 EL frische gehackte Petersilie
125 g tiefgefrorener Gemüsemais
Salz und Pfeffer nach Bedarf
30 g frisch geriebener Parmesan

Ein einfaches, aber immer wieder beliebtes Nudelgericht aus Zutaten, die man in der Regel auf Vorrat hat.

1 Das Öl vom Thunfisch in eine Bratpfanne abgießen und auf niedriger Stufe erwärmen. Knoblauch und Zwiebel darin dünsten.

2 In der Zwischenzeit einen Topf mit leicht gesalzenem Wasser zum Kochen bringen, die Nudeln in ca. 9 Minuten weich kochen (oder nach Anweisung auf der Packung).

3 Tomaten, Tomatenmark und Petersilie in der Pfanne mitdünsten. Nach 10 Minuten den Gemüsemais zugeben und ca. 5 Minuten garen. Den Thunfisch in einer Schüssel zerteilen, mit der Sauce vermischen und leicht würzen.

4 Die Nudeln abgießen, die Sauce darüber verteilen. In eine ofenfeste Form geben, mit dem Parmesan bestreuen und unter dem vorgeheizten Grill ca. 2–3 Minuten überbacken, bis der Käse goldbraun ist und Blasen bildet.

Vorbereitungszeit/Garzeit
5 Minuten / 25 Minuten

Ergibt 4 Portionen

Nährwertinformation
Reich an Kalzium, Ballaststoffen, Eisen, Eiweiß, B-Vitaminen inkl. B12 und Zink

Nudeln mit Zucchini, Paprika und Würstchen

1 EL Pflanzenöl

1 kleine Zwiebel, in Ringe geschnitten

60 g rote Paprika, in Rauten geschnitten

100 g Zucchini, in Scheiben geschnitten

300 ml Passato de Pomodore (passierte Tomaten)

1/2 Würfel Hühnerbrühe, fein zerkrümelt

125 g Farfalle

100 g Würstchen, gebrüht und in Scheiben geschnitten

1 Öl in einer Pfanne erwärmen, Zwiebelringe darin dünsten, bis sie weich sind. Paprika dazugeben und 3–4 Minuten weiter schmoren. Dann die Zucchini in die Pfanne geben und 3 Minuten mitschmoren.

2 Passato in die Pfanne gießen und den zerkrümelten Brühwürfel unterrühren. Die Mischung zum Kochen bringen und zugedeckt ca. 10 Minuten sieden.

3 In der Zwischenzeit in einem Topf leicht gesalzenes Wasser zum Kochen bringen und die Nudeln in ca. 10 Minuten darin weich kochen (oder nach Anweisung auf der Packung).

4 Die in Scheiben geschnittenen Würstchen unter die Sauce mischen und noch einmal gut erhitzen. Die Nudeln abgießen und die Sauce darüber verteilen.

Vorbereitungszeit/Garzeit
10 Minuten / 18 Minuten

Ergibt 4 Portionen

Nährwertinformation
Reich an Beta-Karotin, Ballaststoffen, Folsäure, Eiweiß und Vitamin B_{12}

Gemüselasagne

1 EL Olivenöl

1 Zwiebel, gehackt

2 Knoblauchzehen, gepreßt

150 g Zucchini, gewürfelt

200 g Auberginen, gewürfelt

150 g Pilze, in Scheiben geschnitten

1 rote Paprika, gewürfelt

400 g Dosentomaten, gewürfelt

2 TL Trockenkräutermischung

1 EL Tomatenmark

90 ml Wasser

Salz und Pfeffer

125 g Brokkoliröschen

zweifache Menge Käsesauce (Rezept Seite 71)

12 Lasagneblätter, ohne Vorkochen

30 g geriebener Käse

1 Das Öl in einer Bratpfanne erhitzen, Zwiebel und Knoblauch ca. 1 Minute dünsten. Alles weitere Gemüse einschließlich der roten Paprika dazugeben und unter gelegentlichem Rühren noch 5 Minuten dünsten.

2 Tomatenwürfel, Kräutermischung, Tomatenmark und Wasser einrühren, würzen und ca. 15 Minuten sieden. Dann den Brokkoli zugeben und nochmals 15 Minuten garen, bis das Gemüse weich ist. Inzwischen die Käsesauce aufwärmen.

3 Ein Drittel der Gemüsemischung auf dem Boden einer ofenfesten Form (23 x 15 x 7 cm) verteilen, mit 4 Lasagneblättern bedecken (an den Rändern überlappend) und ein Drittel der Käsesauce darübergeben. Diesen Vorgang noch zweimal wiederholen, mit einer Schicht Käsesauce enden.

4 Auf der obersten Schicht aus Käsesauce den geriebenen Käse verteilen und die Lasagne im vorgeheizten Ofen 40 Minuten backen.

Vorbereitungszeit/Garzeit
25 Minuten /
1 Stunde 15 Minuten

Backofentemperatur
180 °C / Gas Stufe 4

Ergibt 8 Portionen

Nährwertinformation
Reich an Beta-Karotin, Kalzium, Ballaststoffen, Eiweiß, B-Vitaminen inkl. B_{12} und Zink

Zum Einfrieren geeignet

Goldbraune Putenstreifen

- *250 g Putenbrustfilet*
- *Saft einer Limette oder 1/2 Zitrone*
- *1 Schalotte, in Ringe geschnitten*
- *weißes Mehl*
- *Salz und Pfeffer nach Bedarf*
- *75 g Semmelbrösel*
- *1 1/2 EL Schnittlauch*
- *1 Ei, leicht geschlagen*
- *Pflanzenöl zum Braten*

1 Das Putenfleisch ohne Haut in 1 cm breite Streifen schneiden. In einer Schüssel mit Limetten- oder Zitronensaft und Schalotte vermischen. Zugedeckt im Kühlschrank 30 Minuten ziehen lassen.

2 Etwas Mehl auf einem Teller verteilen und mit Salz und Pfeffer würzen. Auf einem anderen Teller Semmelbrösel mit Schnittlauch vermischen. Die Putenstreifen der Reihe nach in Mehl, geschlagenem Ei und Brösel-Schnittlauch-Mischung wenden.

3 In einer Bratpfanne das Öl erhitzen, die Putenstreifen darin ca. 10 Minuten braten.

Vorbereitungszeit/Garzeit
40 Minuten / 10 Minuten

Ergibt 4 Portionen

Nährwertinformation
Reich an Folsäure, Eiweiß, B-Vitaminen inkl. B_6 und B_{12} sowie Zink

Vor dem Braten zum Einfrieren geeignet

Chicken Nuggets in Herzform

- *375 g gehäutetes Hähnchenbrustfilet, in Stücke geschnitten*
- *1 große Zwiebel, gewürfelt*
- *1 EL frisch gehackte Petersilie*
- *1 kleiner Apfel, geschält und entkernt*
- *50 g frische Weißbrotkrümel*
- *1 Würfel Hühnerbrühe, zerkrümelt*
- *60 g Semmelbrösel*
- *60 g Chips mit Zwiebelgeschmack, fein zerkrümelt*
- *Pflanzenöl zum Braten*

Der Apfel macht die Nuggets schön saftig. Statt der Herzform können Sie auch beliebige andere Formen mit klaren einfachen Umrissen zum Ausstechen verwenden.

1 Die ersten 6 Zutaten in der Küchenmaschine einige Sekunden kleinhacken, bis sie gut vermengt sind. Diese Mischung in eine flache runde Form drücken.

2 Mit einem Backförmchen (ca. 6 cm) Herzen ausstechen. Semmelbrösel und Chipskrümel vermischen und die Herzen darin wenden.

3 In einer großen Bratpfanne reichlich Öl erhitzen. Die Nuggets darin unter Wenden ca. 6 Minuten braten, bis sie gut durch und außen leicht gebräunt sind.

Vorbereitungszeit/Garzeit
25 Minuten / 6 Minuten

Ergibt 8 Portionen

Nährwertinformation
Reich an Eiweiß und B-Vitaminen

Zum Einfrieren geeignet

Karamelisierte Hähnchenbrust

- *1 EL Pflanzenöl*
- *1 Zwiebel, in Ringe geschnitten*
- *1 Knoblauchzehe, gepreßt*
- *Salz und Pfeffer nach Bedarf*
- *2 Hähnchenbrustfilets*
- *1 1/2 EL Malzessig*
- *1 1/2 EL Tomatenketchup*
- *1 1/2 EL Sojasauce*
- *2 EL Wasser*
- *1 1/2 EL Honig*

1 Das Öl in einem ofenfesten Topf erwärmen, Zwiebel und Knoblauch darin weich dünsten. Die Hähnchenfilets würzen, dazulegen und mitdünsten, bis sie leicht gebräunt sind. Abdecken und im vorgeheizten Ofen 20 Minuten garen, bis sie weich sind.

2 Die Hähnchenfilets herausnehmen und den Topf erhitzen. Den Essig eingießen, zum Kochen bringen und auf die Hälfte der Menge einkochen lassen.

3 Ketchup, Sojasauce und Wasser unterrühren und 2 Minuten kochen. Den Honig dazugeben und weitere 2 Minuten durchkochen. Das Fleisch in die Sauce legen und alles gut heiß werden lassen.

Vorbereitungszeit/Garzeit
5 Minuten / 30 Minuten

Ergibt 4 Portionen

Nährwertinformation
Reich an Folsäure, Eiweiß, B-Vitaminen und Zink

Zum Einfrieren geeignet

Pfannengerührtes Hähnchen (Teriyaki)

300 g Hähnchenbrust
1 1/2 EL Pflanzenöl
1 kleine Zwiebel, in Ringe geschnitten
1 Knoblauchzehe, gepreßt
60 g Babymaiskolben
60 g Karotten, gestiftelt
60 g Blumenkohlröschen
60 g Zucchini, gestiftelt
schwarzer Pfeffer nach Bedarf

Marinade

2 EL Sojasauce
2 EL Sake (japanischer Reiswein)
1/2 TL brauner Zucker
1 TL Sesamöl
1 Frühlingszwiebel, fein gehackt

1 Hähnchenbrust in dünne Streifen schneiden. Die Marinade in einer Schüssel anrühren, die Hähnchenstreifen hineinlegen und 30 Minuten ziehen lassen.

2 Das Pflanzenöl in einem Wok mit Deckel oder einer großen Bratpfanne erhitzen, Zwiebel und Knoblauch darin ungefähr 2 Minuten lang anbraten.

3 Die Marinade vom Fleisch abgießen und zur Seite stellen. Die Hähnchenstreifen in den Wok geben und unter Rühren braten, bis sie rundum Farbe angenommen haben. Den Mais vierteln und mit Karotten und Blumenkohl in den Wok geben, 3 Minuten unter Rühren weiterbraten, dann die Zucchini hinzufügen und weitere 2 Minuten rühren.

4 Die Marinade darübergießen. Den Deckel auflegen und noch 2 Minuten garen. Mit etwas frisch gemahlenem Pfeffer leicht würzen.

Variante

Das Hähnchenfleisch durch 375 g in Streifen geschnittenes Rinderfilet oder Rumpsteak ersetzen.

Vorbereitungszeit/Garzeit
40 Minuten, davon 30 Minuten Marinierzeit/ 15 Minuten

Ergibt 4 Portionen

Nährwertinformation
Reich an Folsäure, Eisen, Eiweiß, Vitamin A, B-Vitaminen, Vitamin C und Zink

Tip

Die Sauce wird im Geschmack intensiver, wenn Sie 1/4 Teelöffel fein gehackten frischen Ingwer in die Marinade geben.

Kebab-Raupen

4 Hähnchenbrüste, gewürfelt
425 g Lychees aus der Dose
1 rote Paprika, entkernt und in Dreiecke geschnitten

Marinade

3 EL Sojasauce, 3 EL Honig
1/2 EL Zitronensaft

Zum Dekorieren

8 Frühlingszwiebelfächer
8 Kirschtomaten oder Radieschen
16 ganze Nelken

1 Die Zutaten für die Marinade in einer flachen Schüssel vermischen. Das Hähnchenfleisch einlegen und mindestens 30 Minuten ziehen lassen. In der Zwischenzeit 8 Bambusspieße in Wasser einweichen.

2 Immer der Reihe nach ein Hähnchenstück, eine halbe Lychee und ein rotes Paprikadreieck aufspießen. Die fertigen Spieße auf ein Backblech legen und im vorgeheizten Ofen ca. 15 Minuten gut durchbraten, dabei mehrmals mit der Marinade bestreichen und wenden.

3 Auf jeden Spieß an einem Ende als Gesicht eine Kirschtomate oder ein Radieschen stecken, die Augen bilden jeweils zwei Nelken. Als Schwanz dient am anderen Ende ein Frühlingszwiebelfächer.

Vorbereitungszeit/Garzeit
40 Minuten, davon 30 Minuten Marinierzeit / 15 Minuten

Backofentemperatur
180 °C / Gas Stufe 4

Ergibt 8 Portionen

Nährwertinformation
Reich an Beta-Karotin, Eisen, Eiweiß, B-Vitaminen, Vitamin C und Zink

Tip

Die Frühlingszwiebel in 7 cm lange Stücke schneiden und an einem Ende viermal einritzen; dann in Eiswasser legen, bis die Enden sich auffächern.

Annabels pikante Fleischbällchen

500 g mageres Rinderhack
1 Zwiebel, fein gehackt
1 EL frisch gehackte Petersilie
1 Würfel Hühnerbrühe, in 2 EL heißem Wasser aufgelöst
1 kleiner Apfel, geschält und gerieben
1/2 TL Worcestershire-Sauce
eine Prise brauner Zucker
Salz und Pfeffer nach Bedarf
Mehl zum Wenden
Pflanzenöl zum Braten

Die Fleischbällchen schmecken köstlich (der Apfel macht sie schön saftig) und sind schnell zubereitet. Sie kommen gut ohne Beilage aus, passen aber auch zu Spaghetti und Tomatensauce »Spezial« (siehe Seite 122).

1 Alle Zutaten außer Mehl und Pflanzenöl in einer Rührschüssel vermengen. Mit den Händen ca. 24 walnußgroße Bällchen aus dieser Masse formen. Die Bällchen in Mehl wenden.

2 Das Öl in einer Pfanne erhitzen und die Fleischbällchen bei starker Hitze ca. 3 Minuten darin braten, so daß sie von allen Seiten schön braun sind. Dann die Hitze etwas reduzieren und 12 Minuten weiterbraten, bis sie gut durch sind.

Vorbereitungszeit/Garzeit
10 Minuten / 15 Minuten

Ergibt 8 Portionen

Nährwertinformation
Reich an Folsäure, Eisen, Eiweiß, B-Vitaminen inkl B_{12} und Zink

Zum Einfrieren geeignet

Ungarisches Gulasch

Mehl zum Wenden
Salz und Pfeffer nach Bedarf
500 g mageres Rindfleisch zum Schmoren, in Würfel geschnitten
2 EL Pflanzenöl
2 Zwiebeln, geschält und gewürfel
1 rote Paprika, entkernt und gewürfelt
250 g Pilze, in Scheiben geschnitten
1 EL Paprikapulver
400 ml Hühner- (Rezept Seite 46) oder Fleischbrühe
3 EL Tomatenmark
1 EL Tomatenketchup
1 TL Worcestershire-Sauce
2 EL frisch gehackte Petersilie
200 g Nudeln (z.B. Tagliatelle)

Für jüngere Kinder schneiden Sie Fleisch und Gemüse am besten in ganz kleine Stücke oder hacken es einige Sekunden in der Küchenmaschine. Servieren Sie zum Gulasch Nudeln.

1 Das Mehl auf einem Teller verteilen, leicht würzen und das Fleisch darin wenden. Das Pflanzenöl in einer ofenfesten Kasserolle erwärmen und das Fleisch darin von allen Seiten anbräunen. Dann mit einem Schaumlöffel herausheben und zur Seite stellen.

2 Die Zwiebeln in die Kasserolle geben und 5 Minuten andünsten. Die rote Paprika hinzufügen und 3–4 Minuten mitdünsten, dann die Pilze ebenfalls 3 Minuten dünsten. Das Paprikapulver darüberstreuen und weitere 2 Minuten dünsten.

3 Nun das angebratene Fleisch wieder dazugeben, mit Brühe aufgießen, Tomatenmark, Tomatenketchup, Worcestershire-Sauce und gehackte Petersilie unterrühren. Einen Deckel auflegen und im vorgeheizten Ofen 2 Stunden garen. Wenn das Fleisch weich ist, nach Belieben abschmecken, den Sauerrahm einrühren und warm stellen.

4 Leicht gesalzenes Wasser in einem großen Topf zum Kochen bringen, die Nudeln dazugeben und ca. 8 Minuten kochen, bis sie weich sind. Abgießen, auf jedem Teller eine Portion Nudeln verteilen und darauf das Gulasch anrichten.

Vorbereitungszeit/Garzeit
15 Minuten / 2 Stunden 20 Minuten

Backofentemperatur
150 °C / Gas Stufe 2

Ergibt 8 Portionen

Nährwertinformation
Reich an Beta-Karotin, Folsäure, Eisen, Eiweiß, B-Vitaminen inkl. B_{12} und Zink

Zum Einfrieren geeignet

Toffee-Pudding

45 g Butter
140 g brauner Zucker
2 Eier
175 g weißes Mehl, gesiebt
3/4 TL Backpulver
200 ml kochendes Wasser
140 g entsteinte Datteln
3/4 TL Natron
3/4 TL Vanilleextrakt

BUTTERTOFFEE-SAUCE

100 g brauner Zucker
65 g Butter
125 ml Crème double

Einer der Klassiker unter den pappigsüßen Kindergerichten, bei dem aber auch die Erwachsenen ins Schwärmen geraten.

1 Butter und Zucker schaumig rühren. Die Eier unterrühren, dann Mehl und Backpulver untermischen.

2 Die Datteln mit kochendem Wasser übergießen, Natron und Vanilleextrakt dazugeben. Diese Mischung gut mit dem Teig verrühren.

3 Eine ofenfeste Form (28 x 18 cm) einfetten, den Teig einfüllen und im vorgeheizten Ofen 40 Minuten backen.

4 Für die Sauce braunen Zucker, Butter und Crème double in einem Topf vorsichtig ca. 5 Minuten erwärmen. Den Pudding aus dem Ofen nehmen, die Hälfte der Sauce darübergießen und unter den heißen Grill stellen, bis Blasen entstehen. Die restliche Sauce separat reichen.

Vorbereitungszeit/Garzeit
10 Minuten / 40 Minuten

Backofentemperatur
190 °C / Gas Stufe 5

Ergibt 8 Portionen

Nährwertinformation
Reich an Vitamin B_{12}

Zum Einfrieren geeignet

TIP

Sie können dieses Gericht im voraus zubereiten und im Kühlschrank frischhalten. Vor dem Servieren wärmen Sie alles gut auf.

Kleine Schokoladen-Orangen-Muffins

125 g Mehl-Backpulver-Mischung
2 EL Kakaopulver
125 g weiche Margarine
125 g Zucker
2 Eier, leicht geschlagen
geriebene Schale einer kleinen Orange
60 g Vollmilchschokoladeraspel

Minimuffins sind für kleine Schleckermäuler genau richtig. Sie können sie aber ebensogut in größeren Förmchen backen, der Teig reicht dann für 15 Stück.

1 Mehl und Kakaopulver vermengen. Margarine mit Zucker schaumig rühren. Nach und nach die Eier und einen Teelöffel der Mehlmischung unterrühren.

2 Die restliche Mehl-Kakao-Mischung dazugeben und zu einem glatten Teig verarbeiten. Orangenschale und Schokoladenraspel unterziehen. Papierförmchen in ein Muffinblech setzen und jedes zu zwei Drittel mit Teig füllen. Im vorgeheizten Ofen 10–12 Minuten backen.

Vorbereitungszeit/Garzeit
20 Minuten / 12 Minuten

Backofentemperatur
180 °C / Gas Stufe 4

Ergibt 30 kleine oder 15 größere Muffins

Nährwertinformation
Reich an Vitamin B_{12}

Zum Einfrieren geeignet

SCHWEINCHEN
Wie mit rosa eingefärbter Zuckerglasur und halbierten Marshmallows ein Schweinekopf entsteht, finden Sie unten beschrieben.

SCHOKOLADENIGEL
Schokoladenstäbchen werden als Stacheln auf einen Überzug aus Schokoladenbuttercreme gesetzt.

CLOWNSGESICHT
Einen Kuchen mit weißer Glasur überziehen, Haarbüschel aus gelber, Nase und Mund aus roter Zuckermasse formen, für die Augen schwarze Zuckerschrift nehmen.

SÜSSE FREUNDE

125 g weiche Margarine

125 g Zucker

2 Eier

1 TL Vanilleextrakt

1/2 TL geriebene Zitronenschale

125 g Mehl-Backpulver-Mischung

60 g Rosinen oder Sultaninen (nach Belieben)

FÜR DIE SCHWEINE

rosa Lebensmittelfarbe

175 g Fertigglasur

3 EL Aprikosenmarmelade, durch ein Sieb gestrichen und leicht erwärmt

rosa Marshmallows

farbige Zuckerschrift

rote Lakritze

Gebäck in Form von Figuren ist für Partys gefragt. Hier ist beschrieben, wie man ein Schwein herstellt, Sie können sich aber auch an Clowns, stacheligen Schokoladenigeln oder Marienkäfern versuchen. Ältere Kinder sind mit Eifer bei der Sache, wenn sie mitdekorieren dürfen.

1 Margarine und Butter rühren, bis eine helle schaumige Masse entstanden ist. Dann nach und nach die Eier, Vanilleextrakt und Zitronenschale einrühren.

2 Eier und evtl. Rosinen untermischen und alles zu einem glatten, cremigen Teig verrühren.

3 Ein Backblech mit kleinen runden Vertiefungen mit passenden Papierformen auskleiden und jeweils zur Hälfte mit Teig füllen. Im vorgeheizten Ofen ca. 20 Minuten backen. Auf einem Gitter auskühlen lassen.

4 Etwas rosa Lebensmittelfarbe unter die Glasur mischen, bis eine gleichmäßige Tönung erreicht ist.

5 Die erkalteten Kuchen mit warmer Aprikosenmarmelade bestreichen und die Glasur auftragen.

6 Für den Rüssel ein Marshmallow quer durchschneiden und mit Marmelade in die Mitte kleben. Nasenlöcher und Augen mit Zuckerschrift aufsetzen. Die Ohren bilden ebenfalls halbierte Marshmallows, den Mund ein Streifen Lakritze.

Vorbereitungszeit/Garzeit
20 Minuten / 20 Minuten plus Zeit zum Dekorieren

Backofentemperatur
180 °C / Gas Stufe 4

Ergibt 15 Stück

Nährwertinformation
Reich an Vitamin A und B_{12}

Zum Einfrieren geeignet

TIP

Bereits fertige weiße Glasur können Sie selbst mit einigen Tropfen Lebensmittelfarbe einfärben (siehe Schritt 4).

Geburtstagspaket-Kuchen

4fache Menge Rührteig (siehe »Süße Freunde«, Seite 114)

Füllung

Buttercreme aus 175 g weicher Butter, mit 375 g Puderzucker, 1 EL Milch und 1 TL Vanilleextrakt, schaumig geschlagen

Zum Dekorieren

rote, blaue, grüne und gelbe Lebensmittelfarbe

1,25 kg Fertigglasur

8 EL Aprikosenmarmelade, durch ein Sieb gestrichen und leicht erwärmt

1 Den Rührteig auf eine gefettete und mit Backpapier ausgelegte quadratische und eine Kastenform verteilen und in den vorgeheizten Ofen schieben. Die Kastenform 45 Minuten, die quadratische Form 1 Stunde backen. Auf einem Gitter auskühlen lassen.

2 Für die kleinen Päckchen den Kastenkuchen in Blöcke und einmal quer durchschneiden; den unteren Teil mit Himbeermarmelade und Buttercreme bestreichen, den oberen wieder daraufsetzen.

3 Die weiße Glasur wie in Schritt 4 auf Seite 114 beschrieben nach Belieben einfärben.

4 Die Blöcke oben und an den Seiten mit Aprikosenmarmelade bestreichen, die Glasur in einem Stück oder in verschiedenfarbigen Streifen auftragen. Aus Glasur in einer anderen Farbe die Schleifen formen und ebenfalls mit Marmelade ankleben. Nach Belieben mit Punkten oder Blumen aus Zuckerguß oder einigen Tieren aus Marzipan dekorieren.

Vorbereitungszeit/Garzeit
20 Minuten / 1 Stunde plus Zeit zum Dekorieren

Backofentemperatur
180 °C / Gas Stufe 4

Ergibt 20 Portionen

Nährwertinformation
Reich an Vitamin A und B_{12}

Abbildung Seite 105

Mürbeteig-Plätzchen

125 g Butter

60 g Zucker

30 g gemahlene Mandeln

eine Prise Salz

90 g weißes Mehl und Mehl zum Bestäuben

60 g Maismehl

Puderzuckerglasur oder Puderzucker zum Dekorieren (nach Belieben)

1 Butter und Zucker schaumig rühren. Die restlichen Zutaten unterrühren, bis sich alles gut verbindet.

2 Ein Backbrett mit Mehl bestäuben, den Teig darauf 1–2 Minuten gut durchkneten. Dann 5 mm dick ausrollen und Plätzchen ausstechen.

3 Mit einem Konditormesser die Plätzchen auf ein gefettetes Backblech legen und im vorgeheizten Ofen 15 Minuten hellgelb backen. Auf dem Blech auskühlen lassen und abnehmen. Mit Puderzuckerglasur bestreichen oder nach Belieben verzieren.

Vorbereitungszeit/Garzeit
15 Minuten / 15 Minuten

Backofentemperatur
180 °C / Gas Stufe 4

Ergibt 12–15 Plätzchen

Nährwertinformation
Reich an Vitamin B_{12}

Zum Einfrieren geeignet

3-5 Jahre

WENN IHR KIND ZUNEHMEND MEHR ZEIT MIT GLEICHALTRIGEN VERBRINGT, SEI ES IM KINDERGARTEN ODER IN DER SCHULE, HABEN SIE NICHT MEHR DIE VOLLSTÄNDIGE KONTROLLE DARÜBER, WAS ES DEN GANZEN TAG ZU SICH NIMMT. SORGEN SIE WEITERHIN ZU HAUSE FÜR ABWECHSLUNG UND AUSGEWOGENHEIT IN DER ERNÄHRUNG, UND BIETEN SIE IMMER WIEDER NEUE, INTERESSANTE GERICHTE AN, DANN WIRD IHR KIND AUCH IN ZUKUNFT GERNE GESUND ESSEN.

Ab Seite 132 finden Sie für jede Altersgruppe einen geeigneten Wochenplan.

Die Kindergartenzeit

DER BEGINN DER KINDERGARTENZEIT bedeutet für Ihr Kind den bisher wohl gravierendsten Einschnitt in seiner Entwicklung. In diesem Alter ist das Essen schon eine Routineangelegenheit. Kindergartenkinder brauchen ein gutes Frühstück, um bis zum Mittagessen fit zu bleiben. Bald wird auch der Imbiß zum Mitnehmen fester Bestandteil des täglichen Speiseplans sein. Ihr Kind ist nun in einem Alter, in dem es viele neue Fähigkeiten entwickelt. Das ist auch der ideale Zeitpunkt, um vernünftige Eßgewohnheiten zu etablieren und das Kind an Abwechslung zu gewöhnen.

Gesund und vielfältig

Im Alter von 3 bis 5 Jahren sollte Ihr Kind motorisch deutliche Fortschritte machen und beim Essen im großen und ganzen schon allein zurechtkommen. In der Regel sind nun alle Milchzähne vorhanden. Da jetzt auch Werbung für nicht gerade gesunde Lebensmittel bewußt wahrgenommen wird, sollte das für Sie Anlaß sein, Ihrem Kind die Eckpfeiler richtiger Ernährung nahezubringen. Wenn Eltern frisches Obst oder Gemüse nur selten im Speiseplan haben, werden die Kinder diese Art von Lebensmitteln früher oder später ablehnen. Bieten Sie diese Produkte jedoch so schmackhaft an, wie sie im Grunde auch sind, wird Ihr Kind »gesund« nicht mit »scheußlich« gleichsetzen. Vitaminpillen sind kein Ersatz für frisches Obst oder Gemüse.

PROBLEME VERMEIDEN

Kinder sind Nachahmer und nehmen schnell die Gewohnheiten der Erwachsenen an. Essen die Eltern nicht gesund oder zeigen sich neuen Gerichten gegenüber ablehnend, werden sich ihre Sprößlinge genauso verhalten. Versucht jemand in der Familie abzunehmen, sollte darüber nicht im Beisein der Kinder gesprochen werden.

Das richtige Frühstück

Ernährungsexperten sind sich einig, daß ein gehaltvolles Frühstück sowohl für körperliche als auch geistige Tätigkeiten wichtig ist. Die meisten Kinder nehmen gegen 17 Uhr ihre letzte Mahlzeit ein und bekommen erst wieder etwas am nächsten Morgen zu essen. Das heißt, das Gehirn braucht als erstes einen kräftigen Energieschub, um für die Anforderungen des Tages gerüstet zu sein. Am besten helfen dabei Vollkornprodukte, wie etwa Weizenkekse (siehe Seite 12).

OBST UND SÄFTE

Halten Sie immer frisches und getrocknetes Obst bereit, das Sie wie folgt servieren: Setzen Sie zum Beispiel eine halbierte Kiwi in einen Eierbecher, so daß Ihr Kind das Fruchtfleisch herauslöffeln kann.

PORRIDGE MIT MARMELADE

GEKOCHTES EI UND TOAST

GETREIDEFLOCKEN MIT MILCH

MÜSLI, OBST UND JOGHURT

ORANGENSAFT

Außer Haus

Spätestens mit drei Jahren wird Ihr Kind eine bestimmte Zeit des Tages bei einer Tagesmutter oder im Kindergarten verbringen. Wenn es dort zu Mittag ißt, sollten Sie darauf achten, daß die Mahlzeiten ausgewogen und nährstoffreich sind. Müssen Sie das Essen mitgeben, gestalten Sie es nach Möglichkeit interessant und gesund. Kleine Kinder mögen kleine Portionen: Minikäsestücke, kleine Packungen mit Rosinen oder kleine Muffins sind ideale Beigaben.

UNTERWEGS ESSEN Am besten eignen sich feste, einfach zu verzehrende Speisen.

Ein Hähnchenschenkel ist perfekt für mittags.

Essen zum Mitnehmen

Da sich Bakterien in warmer Umgebung schnell vermehren, ist es wichtig, Imbißpakete möglichst kühl zu lagern, vor allem wenn sie gekochte Wurst enthalten. Ideal sind eine Isolierbox mit Eisbeutel oder eine kleine Tüte mit gefrorenem Fruchtsaft, die man zu den Broten packt. Der Saft sollte allerdings bis zur Imbißzeit aufgetaut sein.

Anweisungen für die Betreuer

Wenn Sie das Gefühl haben, Ihr Kind kommt immer völlig ausgehungert aus dem Kindergarten nach Hause, bitten Sie die Betreuungsperson, darauf zu achten, was und wieviel es ißt, und Ihnen dann Bericht zu erstatten. Nach einem Vormittag im Kindergarten sind Kinder in der Regel ganz schön hungrig, das könnte die Gelegenheit für einen gesunden Imbiß sein. Bringen Sie eine Banane oder ein Käse-Tomaten-Sandwich mit, wenn Sie Ihr Kind abholen – es wird sich sofort darauf stürzen. Wenn es bei Ihnen grundsätzlich keine Süßigkeiten zwischen den Mahlzeiten gibt, klären Sie Betreuungspersonen und Verwandte darüber auf, damit diese sich ebenfalls an Ihre Regeln halten. Schlagen Sie dafür andere Extras vor, wie etwa eine exotische Frucht oder selbstgebackene Kekse. Süßigkeiten vollständig zu verbannen, ist nicht ratsam, denn die »verbotenen Früchte« werden nur um so begehrenswerter. Einfacher ist es, Süßes nur zu bestimmten Zeiten zu erlauben, wie zum Beispiel nach dem Essen.

Fast food

Noch nie haben Kinder so viel »Fast food« gegessen wie heute. Viele dieser Produkte sind sehr kalorienreich und enthalten wenige Nährstoffe, dafür aber reichlich Salz oder Zucker. Sie können einen jungen Fast-food-Fan zu vernünftigem Essen verleiten, indem Sie seine Lieblingsgerichte in einer gesunden Version zubereiten.

Zu beachten

- Sorgen Sie für ein kräftiges Frühstück, vor allem an Werktagen, wenn Ihr Kind in den Kindergarten geht. Haben Sie einen langsamen Esser und am Morgen wenig Zeit, nehmen Sie etwas mit, was unterwegs gegessen werden kann.
- Achten Sie darauf, daß das Imbißpaket Ihres Kindes kühl bleibt und gut verpackt ist, um die Ausbreitung von Bakterien zu vermeiden.
- Beziehen Sie Betreuungspersonal und andere Pflegepersonen in Ihre Bemühungen um einen gesunden Speiseplan mit ein. Nur wenn alle Beteiligten Ihre Ernährungsgrundsätze kennen, können diese auch eingehalten werden.

Kulinarische Ausflüge

BRINGEN SIE VON ZEIT ZU ZEIT neue Gerichte auf den Tisch, so daß Ihr Kind seinen kulinarischen Horizont erweitern kann. In diesem Alter besteht meist großes Interesse an unbekannten Speisen, und die internationale Küche bietet köstliche Gerichte, die sich ganz wunderbar für einfache Familienmahlzeiten eignen. Manchmal ist so ein Rezept vielleicht auch Anlaß, um sich beim Essen mit Ihrem Kind über andere Länder und Kulturen zu unterhalten.

Ein farbenfroher Reiseintopf

SCHLAFENDE CANNELLONI
Die italienischen Klassiker werden mit nur wenigen Handgriffen für Kinderaugen attraktiv: Die gefüllten Cannelloni haben die übliche »Decke« aus Käsesauce, dazu aber noch Gesichter aus kleinen Pilzen und Schuhe aus schwarzen Oliven. Essen darf schließlich auch Spaß machen. (Rezept Seite 122)

Nehmen Sie frisch gemahlenen Käse als Haare und grüne Paprika für die Schleifen.

Ein Streifen Tomatensauce wird zum umgeschlagenen »Bettlaken«

GEMÜSE-SAMOSAS
Die knusprigen Teigtaschen aus Indien sind mit mild gewürztem Gemüse gefüllt und schmecken sowohl warm als auch kalt. (Rezept Seite 124)

Knusprige Taco-Schalen kann man gut auf Vorrat halten und sind schnell zubereitet

RINDFLEISCH-TACOS
Knackige Tacos aus Maismehl mit einer Füllung aus Rinderhack oder Hähnchenstreifen, Bohnen und Salat sind bei Kindern beliebt. Hier sind noch ein Hauch Chili und Koriander im Spiel, um den Tacos das gewisse Etwas zu verleihen. (Rezept Seite 129)

Eine unwiderstehliche Mischung aus verschiedensten Zutaten

PAELLA
Ein Hauch von Spanien beim Abendessen: ein fürstlicher Eintopf aus Hähnchen, Würstchen, Garnelen und leuchtendgelbem Reis. (Rezept Seite 126)

Knuspriger Blätterteig

NUDELN »SINGAPUR«
Chinesische Nudeln, Hähnchen und Garnelen, pfannengerührt mit Sojasauce, Sake und Sesamöl – schnell zubereitet und intensiv im Geschmack. (Rezept Seite 128)

Schlafende Cannelloni

250 g tiefgefrorener Blattspinat
30 g Butter
1 Zwiebel, fein gehackt
1 Knoblauchzehe, gepreßt
125 g Pilze, in Scheiben geschnitten
1 EL Mehl
90 ml Milch
2 EL Crème fraîche
Salz und Pfeffer nach Bedarf
8 Cannellonihüllen

Käsesauce

30 g Butter
30 g Mehl
450 ml Milch
je 60 g geriebener Greyerzer und Cheddar
1/2 TL Senfmehl
Salz und Pfeffer nach Bedarf

Zum Dekorieren

Fertige Tomatensauce
8 gebratene runde Pilze, geriebener Cheddar, 8 schwarze Oliven, kleine Paprikaschleifen und -quadrate, rote Paprikastreifen

1 Spinat ohne Wasser in einen Topf legen, bei schwacher Hitze ca. 5 Minuten vorsichtig dünsten. Überschüssiges Wasser ausdrücken.

2 Die Butter in einem Topf erwärmen, Zwiebel und Knoblauch andünsten. Die Pilze dazugeben und 5 Minuten dünsten. Dann das Mehl einrühren und 1 Minute weiter dünsten. Spinat und Milch hinzufügen und weitere 2 Minuten dünsten. Den Topf vom Herd nehmen, die Sahne unterrühren und nach Belieben abschmecken.

3 Eine ofenfeste Form leicht einfetten. Die Gemüsemasse mit einem Teelöffel in die Cannelloni füllen und diese nebeneinander in die Form legen.

4 Für die Sauce die Butter bei schwacher Hitze zerlaufen lassen, das Mehl einrühren. 2 Minuten leicht kochen, dann mit dem Schneebesen die Milch einrühren. Unter ständigem Rühren weiter kochen, bis die Sauce eingedickt ist. Vom Herd nehmen, den Käse unterrühren, bis er geschmolzen ist. Dann das Senfmehl dazugeben und nach Belieben abschmecken.

5 Die Sauce über die Cannelloni gießen und im vorgeheizten Ofen 30 Minuten backen.

6 Die Tomatensauce als umgeschlagene Bettdecke auf den Cannelloni anrichten, die Oliven als Füße ansetzen. In die Pilze kleine Schlitze schneiden, Augen aus grüner und Münder aus roter Paprika einsetzen. Den geriebenen Käse als Haare hinzufügen, und mit den grünen Paprikaschleifen schmücken.

Vorbereitungszeit/Garzeit
35 Minuten / 45 Minuten

Backofentemperatur
180 °C / Gas Stufe 4

Ergibt 8 Portionen

Nährwertinformation
Reich an Beta-Karotin, Kalzium, Folsäure, Eisen, Eiweiß, B-Vitaminen inkl. B_{12} und Zink

Ohne Dekor zum Einfrieren geeignet

Große Abbildung Seite 120

Tomatensauce »Spezial«

1 TL Olivenöl
1 Knoblauchzehe, gepreßt
400 g Dosentomaten
2 EL roter Pesto
1/4 TL mildes Chilipulver
1 TL Balsamico-Essig
1 TL Zucker
Salz und Pfeffer nach Bedarf
1 EL Basilikumblätter
2 EL frisch geriebener Parmesan

Diese schmackhafte Tomatensauce ist vielseitig verwendbar. Mit kleinen Fleischbällchen oder Thunfisch läßt sich daraus eine einfache Nudelsauce zubereiten.

1 Das Öl bei schwacher Hitze in einer Bratpfanne erwärmen, Knoblauch 30 Sekunden andünsten. Die Tomaten einrühren und zerkleinern. Die restlichen Zutaten bis auf Basilikum und Parmesan dazugeben. Würzen und 10 Minuten leise köcheln lassen.

2 Zerkleinerte Basilikumblätter und Parmesan unterrühren und auf dem Herd lassen, bis der Käse geschmolzen ist.

Vorbereitungszeit/Garzeit
5 Minuten / 12 Minuten

Ergibt 4 Portionen

Nährwertinformation
Reich an Beta-Karotin, Kalzium, Eiweiß und B-Vitaminen

Zum Einfrieren geeignet

Fusilli mit Zucchini

- *1 EL Olivenöl*
- *1 kleine Zwiebel, in Ringe geschnitten*
- *1 Knoblauchzehe, gehackt*
- *125 g Zucchini, in Scheiben*
- *100 g Pilze, in Scheiben*
- *300 ml Passato de Pomodore (passierte Tomaten)*
- *1/2 TL Balsamico-Essig*
- *1/2 TL Zucker*
- *Salz und Pfeffer nach Bedarf*
- *200 g Fusilli*
- *30 g frisch geriebener Parmesan*

Noch ein schnelles Rezept, mit dem man Kindern Gemüse schmackhaft machen kann. Verwenden Sie Gemüse der Saison.

1 Das Öl in einer Pfanne erhitzen, Zwiebel, Knoblauch, Zucchini und Pilze dazugeben, alles 7–8 Minuten dünsten. Passato, Essig und Zucker dazugeben, nach Belieben abschmecken. Zugedeckt 15 Minuten leise köcheln.

2 Inzwischen einen Topf mit leicht gesalzenem Wasser zum Sieden bringen und die Nudeln darin ca. 10 Minuten weich kochen.

3 Die Sauce vom Herd nehmen, den Parmesan untermischen und über die abgetropften Nudeln geben.

Vorbereitungszeit/Garzeit
10 Minuten / 25 Minuten

Ergibt 4 Portionen

Nährwertinformation
Reich an Kalzium, Ballaststoffen und Eiweiß

Zum Einfrieren geeignet

Italienischer Risotto mit Pilzen und Erbsen

- *2 EL Pflanzenöl*
- *1 Zwiebel, gehackt*
- *1 Knoblauchzehe, gepreßt*
- *60 g rote Paprika, entkernt und gewürfelt*
- *100 g runde Pilze, in Scheiben geschnitten*
- *200 g Risottoreis (Arborio, Carnaroli oder Vialone)*
- *900 ml heiße Gemüse- oder Hühnerbrühe (Rezept Seite 46)*
- *100 g tiefgefrorene Erbsen*
- *30 g frisch geriebener Parmesan*
- *etwas Butter*
- *Salz und Pfeffer nach Belieben*

Ein Risotto gelingt am besten in einer Pfanne mit dickem Boden, der gleichmäßig die Hitze leitet.

1 Das Öl bei mittlerer Hitze in einem Topf erwärmen. Zwiebel und Knoblauch 1 Minute dünsten, Paprika und Pilze hinzufügen und weitere 5 Minuten dünsten.

2 Den Reis dazugeben und eine Minute rühren. Mit einer Schöpfkelle Brühe aufgießen und unter ständigem Rühren leise köcheln, bis diese ganz vom Reis absorbiert ist.

3 Immer wieder etwas Brühe zugießen und einkochen, dabei ständig rühren.

4 Wenn die Brühe vollständig verkocht und der Reis fast gar ist – nach ca. 20–25 Minuten –, die Erbsen einrühren und 3–4 Minuten mitdünsten. Dann Parmesan und Butter untermischen, nach Belieben abschmecken und servieren.

Variante

Lassen Sie die Erbsen weg, und geben Sie, kurz bevor Sie den Parmesan untermischen, 125 g gekochten, fein geschnittenen Schinken dazu.

Vorbereitungszeit/Garzeit
10 Minuten / 40 Minuten

Ergibt 4 Portionen

Nährwertinformation
Reich an Beta-Karotin, Kalzium, Folsäure und Eiweiß

Zum Einfrieren geeignet

Tip

Sie können den Risotto auch im voraus zubereiten. Verwenden Sie dabei aber nur die Hälfte der Brühe, und nehmen Sie ihn dann vom Herd. Kochen Sie ihn unter allmählicher Zugabe der restlichen Brühe erst kurz vor dem Servieren ganz fertig.

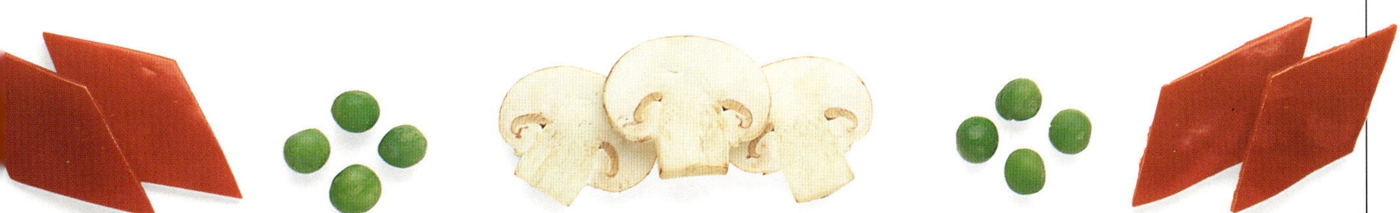

Mild gewürzte Gemüse-Samosas

- *1/2 EL Pflanzenöl*
- *1/2 Zwiebel, fein gehackt*
- *1/2 Knoblauchzehe, gepreßt*
- *je 1/4 TL Currypulver, gemahlener Ingwer und gemahlener Kreuzkümmel*
- *75 g runde Pilze, fein gehackt*
- *100 g Blumenkohl, in sehr kleine Röschen zerteilt*
- *1 Karotte, sehr klein gehackt*
- *2 TL Zucker*
- *3 TL Naturjoghurt*
- *Salz und Pfeffer nach Bedarf*
- *1 Packung Blätterteig*
- *60 g Butter, zerlaufen*

1 Das Öl in einer Bratpfanne erwärmen, Zwiebel und Knoblauch ca. 2–3 Minuten andünsten. Die Gewürze dazugeben und 1 Minute durchrühren. Das Gemüse hinzufügen und 5 Minuten dünsten, gelegentlich umrühren. Dann Zucker und Joghurt beifügen. Abschmecken und 3–4 Minuten weiterkochen.

2 Den Blätterteig flach auslegen und mit einem feuchten Küchenhandtuch bedecken. Ein Stück mit geschmolzener Butter bestreichen. Einmal der Länge nach falten und wieder mit Butter bestreichen.

3 Einen Teelöffel Füllung auf eine Seite des Teigstreifens legen, 2,5 cm Rand frei lassen. Diagonal zu einem Dreieck falten, die Tasche längs umstülpen. Die Öffnung mit geschmolzener Butter zusammenkleben. Mit allen Teigblättern so verfahren.

4 Die Samosas auf ein leicht gefettetes Backblech legen und nochmals mit Butter bestreichen. Im vorgeheizten Ofen 20–25 Minuten kroß backen.

Vorbereitungszeit/Garzeit
35 Minuten / 35 Minuten

Backofentemperatur
180 °C / Gas Stufe 4

Ergibt 8 Portionen

Nährwertinformation
Reich an Beta-Karotin

Vor dem Backen zum Einfrieren geeignet

Tip

Decken Sie Blätterteig, den Sie gerade nicht bearbeiten, immer mit einem feuchten Küchenhandtuch ab. Damit verhindern Sie, daß er austrocknet und brüchig wird.

MINI-ENCHILADAS MIT BOHNEN UND GEMÜSE

1 EL Pflanzenöl

1/2 Zwiebel, gehackt

1 kleine Knoblauchzehe, gepreßt

1/4 rote Chilischote, fein gehackt (nach Belieben)

200 g rote Kidneybohnen aus der Dose

125 g gegarter Gemüsemais

200 g Tomatenwürfel aus der Dose, abgetropft

Salz und Pfeffer nach Bedarf

1 EL frische gehackte Petersilie

4 kleine Weizenmehltortillas

50 g geriebener Cheddar

Kleine Weizenmehltortillas kann man fertig kaufen und mit den unterschiedlichsten Zutaten füllen.

1 Das Öl in einer Bratpfanne erhitzen, Zwiebel, Knoblauch und evtl. Chilischote 3 Minuten dünsten.

2 Die Kidneybohnen grob hacken und mit dem Gemüsemais und den Tomatenwürfeln in die Pfanne geben. Nach Belieben abschmecken und bei mittlerer Hitze 5 Minuten dünsten. Mit Petersilie bestreuen.

3 Die Tortillas damit füllen, aufrollen und mit Käse bedecken. Im Mikrowellenherd 1–2 Minuten oder im Backofen 6 Minuten erwärmen, dann unter dem Grill goldbraun überbacken.

VARIANTE

Statt der Bohnen zwei in Streifen geschnittene, gewürzte und gebratene Hühnerbrustfilets verwenden. Gemüsemais und Tomaten durch eine halbe rote Paprika, gewürfelt und gedünstet, ersetzen. Die Enchiladas gut erwärmen und je einen Löffel Salsa und Sauerrahm darauf verteilen.

Vorbereitungszeit/Garzeit
10 Minuten / 15 Minuten

Ofentemperatur
Mikrowelle mit hoher Wattzahl oder Backofen 180 °C / Gas Stufe 4

Ergibt 4 Portionen

Nährwertinformation
Reich an Beta-Karotin, Kalzium, Ballaststoffen, Folsäure, Eisen, Eiweiß, Vitamin C und Zink

FISCH UND BACKOFENCHIPS

350 g kleine bis mittlere Kartoffeln, gebürstet

3 1/2 EL Olivenöl

Meersalz und Pfeffer, frisch gemahlen, nach Bedarf

Mehl zum Wenden

250 g Schollen- oder Kabeljaufilet, in große Stücke geschnitten

1 leicht geschlagenes Ei

1 Tüte (30 g) gesalzene Kartoffelchips, zerkrümelt

Wenn Sie dieses Rezept für ein Kinderfest zubereiten, servieren Sie es in Tüten.

1 Die Kartoffeln der Länge nach halbieren und jede Hälfte in 4 Teile schneiden. 1 1/2 Eßlöffel Öl in einen Bräter gießen und diesen 2–3 Minuten in den vorgeheizten Ofen stellen.

2 Dann die Kartoffeln in den Bräter legen und wenden, bis sie von allen Seiten gut eingeölt sind, und mit Meersalz bestreuen. Wieder in den Ofen stellen und 30 Minuten backen.

4 In der Zwischenzeit das Mehl salzen und pfeffern und die Fischteile darin wenden, dann in Ei tauchen und in den Chipskrümeln wenden. Das restliche Öl in einer Bratpfanne erhitzen und den Fisch darin gut durchgaren. Mit den Kartoffeln servieren.

Vorbereitungszeit/Garzeit
5 Minuten / 35 Minuten

Backofentemperatur
200 °C / Gas Stufe 6

Ergibt 4 Portionen

Nährwertinformation
Reich an Folsäure, Eiweiß, Vitamin B_{12} und E

TIP

Sie können den Fisch auch erst fritieren und dann im Ofen aufwärmen oder 10–12 Minuten auf einem gefetteten Backblech garen.

Hähnchenkeulen vom Grill

- *4 große Hähnchenkeulen, mit einem Messer aufgeschlitzt (evtl. erst die Haut entfernen)*

Marinade

- *1/2 EL Pflanzenöl*
- *1 keine Zwiebel, gehackt*
- *75 g brauner Zucker*
- *Saft 1/2 Zitrone*
- *1/2 EL Worcestershire-Sauce*
- *4 EL Tomatenketchup*
- *1 EL Weißweinessig*

Packen Sie die Keulen an den Enden in Folie, dann können die Kinder sie mit den Fingern essen.

1 Für die Marinade das Öl in einer Pfanne erhitzen und die Zwiebel darin weich dünsten. Den Zucker einrühren und 1–2 Minuten leicht kochen. Mit den restlichen Zutaten weitere 5 Minuten kochen.

2 Diese Mischung in eine Glas- oder Keramikschüssel füllen und die Keulen mindestens 30 Minuten, höchstens 12 Stunden, darin marinieren.

3 Die Keulen auf ein Backblech legen, gut bestreichen und unter den vorgeheizten Grill schieben. 20 Minuten grillen, dabei nach der halben Grillzeit wenden und nochmals mit der Grillsauce bestreichen. Wenn sie gut durch sind, die Enden in Folie wickeln und heiß oder kalt servieren.

Vorbereitungszeit/Garzeit
45 Minuten, davon 30 Minuten Marinierzeit / 20 Minuten

Ergibt 4 Portionen

Nährwertinformation
Reich an Eiweiß und B-Vitaminen

Zum Einfrieren geeignet

Paella

- *1 EL Sonnenblumenöl*
- *1 Zwiebel, gehackt*
- *2 Hähnchenbrustfilets, in Stücke geschnitten*
- *1 rote Paprika, entkernt und gewürfelt*
- *300 g Langkornreis*
- *1 TL Kurkuma*
- *1 TL mildes Chilipulver*
- *2 Stangen Sellerie, gehackt*
- *1 l Hühnerbrühe (Rezept Seite 46)*
- *1 Lorbeerblatt*
- *100 g tiefgefrorene Erbsen*
- *2 Würstchen aus Schweinefleisch, gegrillt*
- *100 g kleine gekochte Garnelen, geschält*
- *Salz und Pfeffer nach Bedarf*

Eine eindrucksvolle Reispfanne – einfach in der Zubereitung und großartig im Geschmack. Kurkuma gibt dem Reis die sattgelbe Farbe.

1 Das Öl in einer tiefen Bratpfanne mit dickem Boden erwärmen und die Zwiebel 1 Minute andünsten. Das Hähnchenfleisch dazugeben und von allen Seiten gut anbraten.

2 Rote Paprika dazugeben und 1 Minute mitdünsten, dann Reis, Kurkuma, Chilipulver und Sellerie untermischen und wieder 1 Minute dünsten, dabei ständig rühren.

3 Mit der Brühe aufgießen, das Lorbeerblatt dazugeben und ohne Deckel 15–20 Minuten leicht kochen, bis keine Flüssigkeit mehr vorhanden ist.

4 Die Erbsen in die Pfanne rühren und 2–3 Minuten mitkochen. Die Würstchen schräg in Scheiben schneiden, zusammen mit den Garnelen unter den Reis mischen. Abschmecken und alles gut heiß werden lassen. Das Lorbeerblatt entfernen und das Gericht servieren.

Vorbereitungszeit/Garzeit
10 Minuten / 25 Minuten

Ergibt 8 Portionen

Nährwertinformation
Reich an Beta-Karotin, Folsäure, Eiweiß, Vitamin E und Zink

Zum Einfrieren geeignet

Abbildung Seite 120

Hähnchen-Satay

- *2 Hähnchenbrustfilets, in Stücke geschnitten*

Marinade

- *3 EL Gelbe-Bohnen-Sauce*
- *2 EL Sojasauce*
- *2 EL Erdnußbutter*
- *1 EL Reisweinessig*
- *3 EL Honig*

Sie können zusätzlich zum Fleisch Gemüse wie Zwiebel oder Paprika auf die Spieße stecken.

1 Alle Zutaten für die Marinade und die Hähnchenstücke in einer Glas- oder Keramikschüssel vermischen. Mindestens 30 Minuten ziehen lassen. In der Zwischenzeit 4 Bambusspieße in Wasser einweichen.

2 Die Hähnchenstücke auf die Spieße stecken, unter den vorgeheizten Grill schieben und 8–10 Minuten gut durchgaren, dabei gelegentlich wenden und mit der Marinade bestreichen.

Vorbereitungszeit/Garzeit
35 Minuten, davon 30 Minuten Marinierzeit/ 10 Minuten

Ergibt 4 Portionen

Nährwertinformation
Reich an Eisen, Eiweiß, B-Vitaminen und Zink

Tip
Bei Kindern vor dem Servieren die Spieße entfernen.

Eierreis mit Hähnchen und Garnelen

- *175 g Basmatireis, mit kaltem Wasser gewaschen und abgetropft*
- *4 EL Pflanzenöl*
- *1 kleine Zwiebel, fein gehackt*
- *60 g rote Paprika, entkernt und fein gehackt*
- *Salz und Pfeffer nach Bedarf*
- *1 geschlagenes Ei*
- *60 g tiefgefrorene Erbsen*
- *60 g tiefgefrorener Gemüsemais*
- *1 große Frühlingszwiebel, in Ringe geschnitten*
- *1 Hähnchenbrust, in dünne Streifen geschnitten*
- *125 g gekochte Garnelen (nach Belieben)*
- *1 EL helle Sojasauce*

Eierreis mit Gemüse und Hähnchen ist ein einfaches, aber schmackhaftes Gericht.

1 Einen Topf mit leicht gesalzenem Wasser zum Kochen bringen, den Reis dazugeben und in ca. 10 Minuten weich kochen.

2 Die Hälfte des Öls in einer großen Bratpfanne oder im Wok erwärmen und die Zwiebel 2 Minuten anbraten. Die rote Paprika dazugeben und 7–8 Minuten weiterschmoren. Das geschlagene Ei mit etwas Pfeffer würzen, in die Pfanne gießen, gleichmäßig verteilen und gut durchbraten. Vom Herd nehmen und das Ei in kleine Stücke zerteilen.

3 Die Pfanne wieder auf den Herd stellen, Erbsen und Gemüsemais dazugeben und weich garen. Die Mischung aus der Pfanne nehmen und zur Seite stellen. Im restlichen Öl die Frühlingszwiebel 1 Minute anbraten. Das Hähnchen dazugeben und 3–4 Minuten schmoren, bis es durch ist, dann abschmecken.

4 Den gekochten Reis und evtl. die Garnelen dazugeben und bei starker Hitze ca. 2 Minuten pfannenrühren. Die Ei-/Gemüse-Mischung hinzufügen und die Sojasauce darübergießen. Alles gut vermischen und heiß servieren.

Vorbereitungszeit/Garzeit
10 Minuten / 30 Minuten

Ergibt 4 Portionen

Nährwertinformation
Reich an Beta-Karotin, Folsäure, Eiweiß, Vitamin B_{12}, Vitamin C und Zink

Zum Einfrieren geeignet

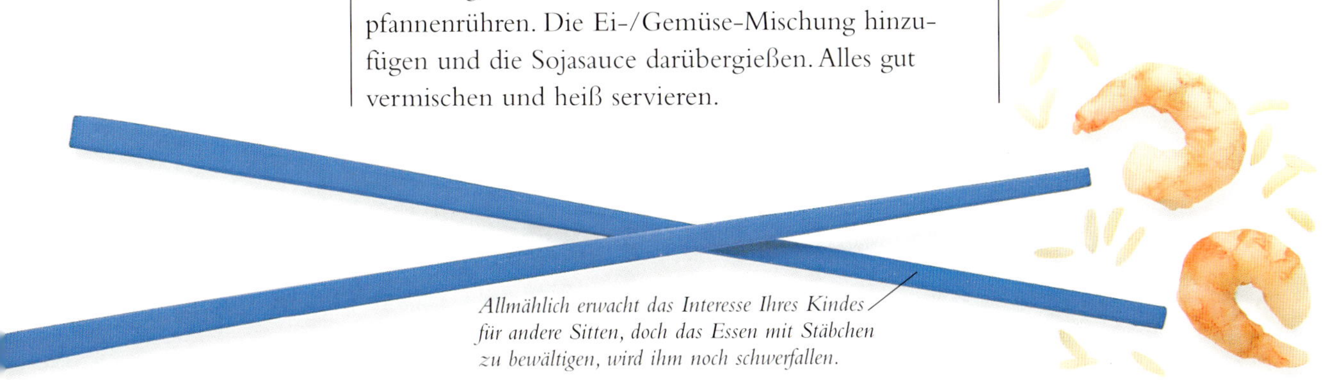

Allmählich erwacht das Interesse Ihres Kindes für andere Sitten, doch das Essen mit Stäbchen zu bewältigen, wird ihm noch schwerfallen.

NUDELN »SINGAPUR«

150 g Hähnchenbrust
2 1/2 EL Pflanzenöl
1 geschlagenes Ei
1 Knoblauchzehe, gehackt
1/4 TL fein gehackte rote Chilischote (nach Belieben)
75 g Babymaiskolben
je 75 g Karotte und Zucchini, in dünne Streifen geschnitten
75 g Bohnensprossen
1/4 TL mildes Currypulver
4 EL Hühnerbrühe
90 g kleine geschälte Garnelen
3 Frühlingszwiebeln, in dünne Streifen geschnitten
150 g chinesische Nudeln

MARINADE

je 1 EL Sojasauce und Sake
1/2 TL Zucker
1 TL Maismehl

Chili und Curry geben den Nudeln mehr Würze, die Garnelen kann man gut auch durch Schweinefleisch oder mehr Hähnchenfleisch ersetzen.

1 Die Zutaten für die Marinade in einer Schüssel vermischen, das in dünne Streifen geschnittene Hähnchen dazugeben und 30 Minuten marinieren.

2 1/2 Eßlöffel Öl in einer Pfanne erhitzen, aus dem Ei ein dünnes Omelette backen. Herausnehmen und in dünne Streifen schneiden. 1 Eßlöffel Öl im Wok erhitzen, Knoblauch und evtl. Chili 30 Sekunden anbraten. Das Fleisch abgetropft in die Pfanne geben und 3–4 Minuten mitbraten, dann zur Seite stellen.

3 Das restliche Öl im Wok erhitzen. Die kleinen Maiskolben und die Karotten 2 Minuten pfannenrühren. Zucchini und Bohnensprossen dazugeben und weitere 2 Minuten garen. Das Currypulver in die Brühe streuen, diese in den Wok gießen. Das Hähnchen mit den Garnelen, Frühlingszwiebeln und dem Ei wieder hinzufügen, 2 Minuten schmoren.

4 Die Nudeln in kochendes Wasser geben und 3 Minuten sieden. Abgießen, mit dem Inhalt des Woks vermischen und nochmals gut heiß werden lassen.

Vorbereitungszeit/Garzeit
45 Minuten, davon
30 Minuten Marinierzeit/
20 Minuten

Ergibt 4 Portionen

Nährwertinformation
Reich an Beta-Karotin, Ballaststoffen, Folsäure, Eisen, Eiweiß, B-Vitaminen inkl. B_{12}, Vitamin C und Zink.

Große Abbildung Seite 121

PFANNENGEBRATENES RINDFLEISCH MIT AUSTERNSAUCE

375 g mageres Rindersteak, in Streifen geschnitten
1 EL Maiskeimöl
1 kleine Zwiebel, in Ringen
1 EL Sesamöl
1 Knoblauchzehe, gepreßt
1 Karotte, in Streifen oder Sterne geschnitten
125 g Brokkoliröschen
125 g kleiner Gemüsemais
125 g Zuckererbsen
1 rote Paprika, in Streifen

MARINADE

je 1 EL Sake und Austernsauce
2 EL Sojasauce
1 TL brauner Zucker

Für dieses asiatische Schnellgericht wird Austernsauce verwendet.

1 Die Zutaten für die Marinade in einer Schüssel vermischen, die Rindfleischstreifen dazugeben und 30 Minuten marinieren. Das Fleisch dann herausnehmen und zur Seite stellen, die Marinade aufheben.

2 In der Zwischenzeit das Maiskeimöl im Wok erhitzen. Die Hälfte der Zwiebel darin weich dünsten. Das Rindfleisch dazugeben und braten, bis es durch ist, dann herausnehmen und zur Seite stellen.

3 Das Sesamöl im Wok erhitzen, die restliche Zwiebel und den Knoblauch 2–3 Minuten anbraten. Karotten, Brokkoli und Gemüsemais dazugeben und 3–4 Minuten pfannenbraten. Zuckererbsen und rote Paprika unterrühren und wieder 3–4 Minuten braten.

4 Die Rindfleischstreifen in die Pfanne geben, die Marinade darübergießen und noch einmal 2–3 Minuten pfannenbraten.

Vorbereitungszeit/Garzeit
45 Minuten, davon
30 Minuten Marinierzeit/
25 Minuten

Ergibt 4 Portionen

Nährwertinformation
Reich an Beta-Karotin, Ballaststoffen, Folsäure, Eisen, Eiweiß, B-Vitaminen inkl. B_{12}, Vitamin C und Zink

Zum Einfrieren geeignet

Rindfleischspiesse

3 EL Sojasauce
4 EL süßer Reiswein
1 TL Sesamöl
1 Knoblauchzehe, gepreßt
1 Stück frischer Ingwer (2,5 cm), gerieben
300 g Rinderfilet, gewürfelt
1 TL Maismehl

1 Alle Zutaten außer Maismehl in einer Schüssel vermischen und das Fleisch 1 Stunde darin marinieren. 4 Bambusspieße in Wasser einweichen.

2 Das Fleisch auf die Spieße stecken, die Marinade zur Seite stellen. Die Spieße auf jeder Seite 4–5 Minuten grillen.

3 Währenddessen das Maismehl mit 1 Teelöffel Marinade anrühren, dann zusammen mit der restlichen Marinade in einen Topf gießen. Ca. 2 Minuten auf dem Herd eindicken und als Sauce zum Dippen servieren.

Vorbereitungszeit/Garzeit
1 Stunde 5 Minuten, davon 1 Stunde Marinierzeit / 10 Minuten

Ergibt 4 Portionen

Nährwertinformation
Reich an Eisen, Eiweiß, B-Vitaminen inkl. B_{12} und Zink

Rindfleisch-Tacos

125 g mageres Rindfleisch
1/2 kleine Zwiebel, fein gewürfelt
je 1/2 rote und grüne Paprika, entkernt und fein gewürfelt
100 g rote Kidneybohnen aus der Dose
1 Tomate, gehäutet, entkernt und gewürfelt
1/2 EL milde Chilisauce
1/2 EL frischer Koriander, gehackt
Salz und Pfeffer nach Bedarf
4 Tacoschalen
4 Blätter Eisbergsalat

1 Eine Bratpfanne ohne Fett 1 Minute erhitzen. Das Rinderhack darin ca. 5 Minuten braten, bis es gut durch ist. Die Zwiebeln dazugeben und 2 Minuten mitbraten. Rote und grüne Paprika unterrühren und weitere 2 Minuten schmoren. Dann Bohnen, Tomate, Chilisauce und die Hälfte des Korianders dazugeben und 3–4 Minuten leise köcheln. Nach Belieben würzen.

2 In der Zwischenzeit die Tacos im vorgeheizten Ofen 2–3 Minuten anwärmen. Aus dem Ofen nehmen, ein Salatblatt hineinlegen, die Rindfleischmischung darauf verteilen und mit dem restlichen Koriander garnieren.

Vorbereitungszeit/Garzeit
10 Minuten / 15 Minuten

Backofentemperatur
180 °C / Gas Stufe 4

Ergibt 4 Portionen

Nährwertinformation
Reich an Beta-Karotin, Ballaststoffen, Folsäure, Eisen, Eiweiß, Vitamin B_{12}, C und Zink

Ländlicher Apfelkuchen

- *375 g Mehl-Backpulver-Mischung*
- *2 TL Gewürzmischung*
- *175 g Butter*
- *300 g Äpfel, geschält, entkernt und kleingeschnitten*
- *250 g Sultaninen*
- *150 ml Milch*
- *175 g Zucker*
- *1 Ei, leicht geschlagen*
- *2 EL Honig*
- *1/2 EL Hagelzucker*

1 Mehl und Gewürzmischung in eine Schüssel sieben, mit den Fingern die Butter einarbeiten, so daß Streusel entstehen.

2 Äpfel, Sultaninen, Milch und Zucker vermischen und unter die Mehlmasse mengen. Das geschlagene Ei einarbeiten.

3 Eine Springform mit 20 cm Durchmesser mit Backpapier auslegen, den Teig einfüllen. Im vorgeheizten Ofen 1 Stunde backen. Den fertigen Kuchen herausnehmen, noch 10 Minuten in der Form lassen und dann zum Abkühlen auf ein Gitter stellen.

4 Den Honig in einem Topf zerlaufen lassen, den Kuchen oben damit bestreichen und mit Hagelzucker bestreuen. Luftdicht verschlossen aufbewahren.

Vorbereitungszeit/Garzeit
25 Minuten / 1 Stunde

Backofentemperatur
170 °C / Gas Stufe 3

Ergibt 8 Portionen

Nährwertinformation
Reich an Kalzium, Ballaststoffen, Eisen, Vitamin A und B_{12}

Zum Einfrieren geeignet

Schokoladen-Orangen-Plätzchen zum Ausstechen

- *175 g Butter (Zimmertemperatur)*
- *60 g Puderzucker, gesiebt*
- *225 g Mehl-Backpulver-Mischung, gesiebt*
- *1/2 TL Salz*
- *geriebene Schale einer kleinen Orange (1 TL)*
- *60 g Vollmilchschokoladeraspel*

Wenn es darum geht, Plätzchen auszustechen, sind alle Kinder mit Begeisterung bei der Sache. Orangenschale und Schokoladenraspel verbinden sich hier zu einer aparten Geschmacksnote.

1 Alle Zutaten außer den Schokoladenraspeln in die Rührschüssel der Küchenmaschine geben und zu einem glatten Teig verarbeiten.

2 Die Schokoladenraspel per Hand unterkneten, dabei den Teig nochmals gut durcharbeiten. Zu einer Kugel formen, in Frischhaltefolie wickeln und 1 Stunde im Kühlschrank ruhen lassen.

3 Den Teig ca. 1/2 cm dick ausrollen und verschiedene Formen ausstechen. Diese auf ein leicht eingefettetes Backblech legen und im vorgeheizten Ofen ca. 10 Minuten backen.

Vorbereitungszeit/Garzeit
1 Stunde 15 Minuten, davon 1 Stunde Kühlzeit / 10 Minuten

Backofentemperatur
180 °C / Gas Stufe 4

Ergibt 25–30 Plätzchen

Nährwertinformation
Reich an Vitamin A

Zum Einfrieren geeignet

Schokoladen-Mohrenköpfe und Brandteig-Mäuse

Brandteig

- *100 g leicht gesalzene Butter, in kleine Stücke geschnitten*
- *200 ml Wasser*
- *100 g weißes Mehl*
- *3 Eier, leicht geschlagen*

Füllung

- *600 ml Sahne*
- *2 EL Puderzucker*

Schokoladenglasur

- *175 g sehr gute Vollmilchschokolade, in kleine Stücke zerbrochen*
- *100 g ungesalzene Butter, in kleine Stücke geschnitten*

Für die Mäuse *(nach Belieben)*

- *Mandelblättchen*
- *Schokoladenraspel*
- *Cocktailkirschen*
- *rote Lakritze*

1 Für den Teig Butter und Wasser in einem kleinen Topf langsam zum Kochen bringen. Den Topf vom Herd nehmen, das Mehl einsieben und gut durchrühren, bis ein gebundener Teig entsteht. Die Mischung mit einem Holzlöffel schlagen, bis sie sich vom Topfrand löst, dann etwas abkühlen lassen.

2 Nacheinander die Eier zugeben, so daß eine glatte, zähflüssige Masse entsteht (evtl. brauchen Sie nicht alle Eier).

3 Einen Einsatz mit Öffnung Nr. 8 in eine Spritztülle stecken und kleine runde Teighäufchen auf ein mit Papier ausgelegtes Backblech verteilen. Im vorgeheizten Ofen 20–25 Minuten backen. Herausnehmen und abkühlen lassen.

4 Die Sahne mit dem Puderzucker steif schlagen. Die Teigbällchen aufschneiden und mit der süßen Sahne füllen.

5 Die Schokolade in einem ofenfesten Schälchen im Wasserbad oder im Mikrowellenherd bei hoher Wattzahl schmelzen. Die Butter einrühren und alles zu einer glatten Masse verrühren. Etwas abkühlen lassen.

6 Auf jedes Teigbällchen mit einem Spatel etwas Schokoladenglasur auftragen. Nach Belieben können die Mohrenköpfe auch als Mäuse dekoriert werden: Als Ohren verwendet man Mandelblättchen, als Nase ein Schokoladenstückchen, als Augen Cocktailkirschen und als Schwanz rote Lakritze.

Vorbereitungszeit/Garzeit
10 Minuten / 35 Minuten plus Zeit zum Dekorieren

Backofentemperatur
200 °C / Gas Stufe 6

Ergibt 20 Mohrenköpfe

Nährwertinformation
Reich an Vitamin A

Ohne Dekor zum Einfrieren geeignet

Aprikosen-Getreide-Riegel

- *150 g Haferflocken*
- *150 g Puffreis*
- *100 g getrocknete Aprikosen, gehackt*
- *60 g Pecannüsse, gehackt*
- *100 g ungesalzene Butter*
- *125 g Sirup*

Diese Riegel müssen nicht gebacken werden, kleine Köche können sie schon allein zubereiten.

1 Haferflocken, Puffreis, gehackte Aprikosen und Nüsse in einer Rührschüssel vermischen.

2 Butter und Sirup in einem kleinen Topf vorsichtig erwärmen und unter Rühren schmelzen lassen. Diese Mischung zu den anderen Zutaten in die Schüssel geben und gut vermischen.

3 Diese Masse fest in eine flache, mit Papier ausgelegte Form (28 x 18 cm) drücken und im Kühlschrank hart werden lassen. In 15 Quadrate schneiden und in einem luftdicht verschlossenen Behälter im Kühlschrank aufbewahren.

Zubereitungszeit
15 Minuten plus Kühlzeit

Ergibt 15 Portionen

Nährwertinformation
Reich an Ballaststoffen, Folsäure, Eisen, Vitamin A und B_{12}

TIP

Um den Sirup abzuwiegen, stellen Sie die ganze Dose auf die Waage und löffeln soviel heraus, daß das Gesamtgewicht um 125 g reduziert wird.

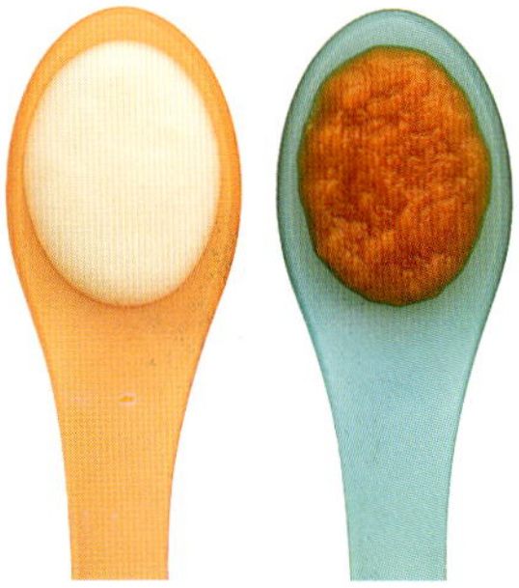

Wochenplan: 4–6 Monate

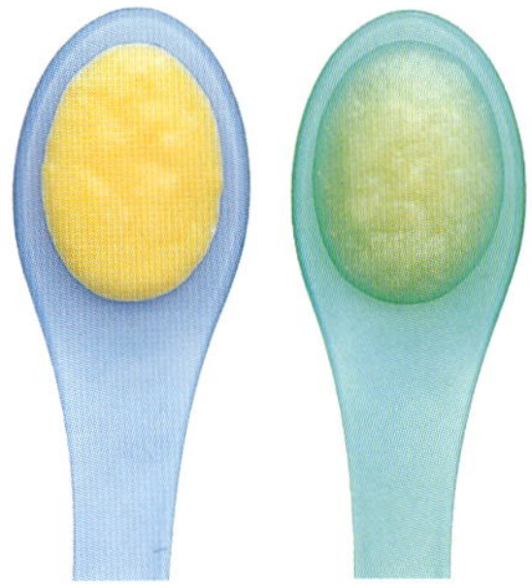

Beginnen Sie mit fester Nahrung einmal pro Tag, und steigern Sie bis zur fünften oder sechsten Woche auf drei feste Mahlzeiten täglich. Meist ist es ratsam, vor der festen Nahrung zuerst die Hälfte der gewohnten Milchmenge zu geben und die Mahlzeit wieder mit Milch zu beenden (siehe Seite 24). Manche Babys brauchen zwischendurch zusätzlich Milch oder etwas abgekochtes Wasser.

1./2. Woche	Morgens	Frühstück	Mittagessen	Nachmittag	Abend
1. Tag	Milch	Milch	Milch Erster Obstbrei (Apfel) *siehe Seite 29*	Milch	Milch
2. Tag	Milch	Milch	Milch Erster Gemüsebrei (Karotte) *siehe Seite 28*	Milch	Milch
3. Tag	Milch	Milch	Milch Babyreis mit Obst (Birne) *siehe Seite 29*	Milch	Milch
4. Tag	Milch	Milch	Milch Erster Gemüsebrei (Kartoffel) *siehe Seite 28*	Milch	Milch
5. Tag	Milch	Milch	Milch Erster Obstbrei (Apfel) *siehe Seite 29*	Milch	Milch
6. Tag	Milch	Milch	Milch Süsskartoffelbrei *siehe Seite 30*	Milch	Milch
7. Tag	Milch	Milch	Milch Zerdrückte Banane *siehe Seite 29*	Milch	Milch

3./4. Woche	Morgens	Frühstück	Mittagessen	Nachmittag	Abend
1. Tag	Milch	Milch Babyreis mit Obst (Birne) *siehe Seite 29*	Milch Erster Gemüsebrei (Karotte) *siehe Seite 28*	Milch	Milch
2. Tag	Milch	Milch Erster Obstbrei (Apfel) *siehe Seite 29*	Milch Erster Gemüsebrei (Kartoffel) *siehe Seite 28*	Milch	Milch
3. Tag	Milch	Milch Getrocknete Aprikosen mit Babyreis *siehe Seite 31*	Milch Erster Gemüsebrei (Steckrübe) *siehe Seite 28*	Milch	Milch
4. Tag	Milch	Milch Zerdrückte Banane *siehe Seite 29*	Milch Erster Gemüsebrei (Pastinake) *siehe Seite 28*	Milch	Milch
5. Tag	Milch	Milch Erster Obstbrei (Birne) *siehe Seite 29*	Milch Avocadobrei *siehe Seite 31*	Milch	Milch
6. Tag	Milch	Milch Zerdrückte Papaya *siehe Seite 29*	Milch Sämiger Gemüsebrei (Karotte) *siehe Seite 28*	Milch	Milch
7. Tag	Milch	Milch Zerdrückte Banane und Papaya *siehe Seite 29*	Milch Erster Gemüsebrei (Kartoffel) *siehe Seite 28*	Milch	Milch

Wochenplan: 6–9 Monate

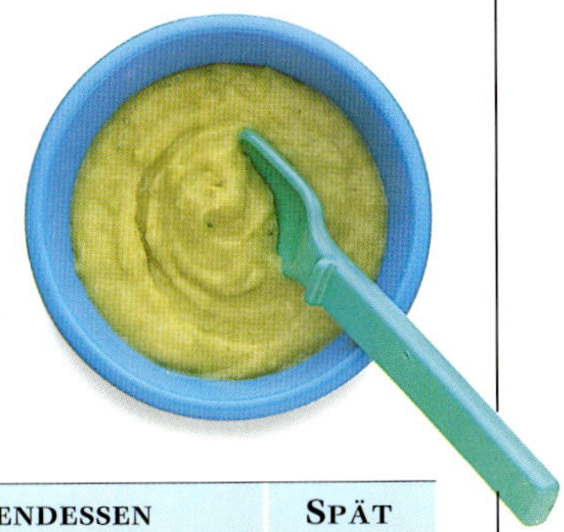

Nun können Sie schon eine ganze Reihe verschiedener Geschmacksnoten und Konsistenzen anbieten. Richten Sie sich mit der Milchmenge zu den Mahlzeiten nach dem Appetit Ihres Babys. Sie finden in diesem Kapitel Vorschläge für einfache Nachspeisen am Mittag. Geben Sie Ihrem Baby am Abend ruhig ähnliches, wenn es mit dem Hauptgang allein nicht zufrieden ist.

	Frühstück	Imbiss	Mittagessen	Imbiss	Abendessen	Spät
1. Tag	Milch Getreideflocken Zerdrückte Banane *siehe Seite 29*	Milch	Brei aus Kartoffeln, Lauch und Erbsen *siehe Seite 42* Saft Erster Obstbrei (Birne) *siehe Seite 29*	Milk	Fisch mit Karotten und Orange *siehe Seite 46*	Milch
2. Tag	Milch Griessbrei mit getrockneten Aprikosen *siehe Seite 42*	Milch	Der erste Hähnchentopf *siehe Seite 47* Saft Erster Obstbrei (Apfel) *siehe Seite 29*	Milch	Tomaten-Blumenkohl-Gratin mit gekochten Karottenstangen *siehe Seite 44*	Milch
3. Tag	Milch Getreideflocken Erster Obstbrei (Apfel oder Birne) *siehe Seite 29*	Milch	Rindfleisch mit Wurzelgemüse *siehe Seite 47* Frischkäse	Milch	Papaya mit Hüttenkäse *siehe Seite 40*	Milch
4. Tag	Milch Rührei mit Toast Joghurt	Milch	Linsen-Gemüse-Brei *siehe Seite 43* Pfirsichbrei mit Babyreis *siehe Seite 31*	Milch	Wurzelgemüse-Dreierlei *siehe Seite 43*	Milch
5. Tag	Milch Getreideflocken	Milch	Schollenfilet mit Lauch-Käse-Sauce *siehe Seite 45* Brei aus Pfirsich, Apfel und Erdbeeren *siehe Seite 41*	Milch	Süsskartoffeln, Karotten und Brokkoli *siehe Seite 44*	Milch
6. Tag	Milch Kompott aus Aprikosen, Pfirsich, Birne und Apfel *siehe Seite 41* Frischkäse	Milch	Papya- und Hähnchen-Brei *siehe Seite 40* Joghurt	Milch	Kabeljaufilet mit Gemüse-Dreierlei *siehe Seite 45*	Milch
7. Tag	Milch Getreideflocken mit Milch Zerdrückte Papaya oder Banane *siehe Seite 29*	Milch	Tomaten-Blumenkohl-Gratin (Variante) *siehe Seite 44* Stückchen von reifen Früchten (z. B. Birne oder Pfirsich)	Milch	Spinat, Kartoffeln, Pastinaken und Lauch *siehe Seite 44*	Milch

Wochenplan: 9–12 Monate

Dieses Kapitel enthält die meisten Rezepte, doch können Sie weiterhin auch die Gerichte aus den vorhergehenden Kapiteln anbieten. Die warmen Gerichte können auch durch einen Imbiß, der sich mit den Fingern essen läßt, ersetzt werden, wie etwa gebratene Hähnchenstreifen, Käse oder Obst. Servieren Sie zum Vormittags- bzw. Nachmittagsimbiß ein Milchgetränk.

	Frühstück	**Mittagessen**	**Abendessen**	**Imbiss**
1. Tag	Baby-Fruchtmüsli *siehe Seite 57* Joghurt	Schnelles Hähnchen-Couscous *siehe Seite 60* Obst	Sternchennudeln mit Käse *siehe Seite 58* Exotischer Obstsalat *siehe Seite 57*	Milch Sandwich-Variationen *siehe Seite 89* Trockenobst
2. Tag	Rührei mit Toast Erster Obstbrei (Apfel) *siehe Seite 29*	Fischfilet mit Gemüse *siehe Seite 59* Obst	Nudelsauce aus Tomaten und Mascarpone *siehe Seite 58* Obst	Milch Gemüsestangen und Toaststreifen mit Dips Joghurt
3. Tag	Getreideflocken Obst Frischkäse	Sauce Bolognese für Babys *siehe Seite 61* Obst	Gemüsezweierlei *siehe Seite 56* Banane	Milch Sandwich-Variationen *siehe Seite 89* Geriebener Apfel
4. Tag	Toast mit Hefeextrakt oder Marmelade Obst	Kabeljau mit Tomaten und Zucchini *siehe Seite 60* Joghurt	Cremiges Hähnchen mit Brokkoli *siehe Seite 61* Obst	Milch Gemüsestangen und Käsestückchen Trockenobst
5. Tag	Apfel-Dattel-Porridge *siehe Seite 57* Obst	Hähnchen mit Apfel und Karotten *siehe Seite 61* Frischkäse	Sternchennudeln mit Käse *siehe Seite 58* Apfelbrei *siehe Seite 29*	Milch Sandwich-Variationen *siehe Seite 89* Obst
6. Tag	Rosinentoaststücke Birnen- oder Apfelbrei *siehe Seite 29*	Rindfleisch mit Wurzelgemüse *siehe Seite 47* Joghurt	Gedämpfte Gemüsestangen und Käsestückchen Obst	Milch Käse auf Toast Obst
7. Tag	Getreideflocken Saftiger Pfirsich-Trockenpflaumen-Brei *siehe Seite 41*	Kalifornisches Hähnchen *siehe Seite 60* Obst	Tomaten-Blumenkohl-Gratin (Variante) *siehe Seite 44* Obst	Milch Sandwich-Variationen *siehe Seite 89* Joghurt

Wochenplan: 12–18 Monate

Da Ihr Kind nun schon gut an den Familienmahlzeiten teilnehmen kann, sind die meisten dieser Rezepte auch auf große Esser zugeschnitten. Wählen Sie selbst, ob Sie als Beilage zu den Hauptgerichten Nudeln, Kartoffeln, Brot oder Reis anbieten, und vergessen Sie das Gemüse nicht. Ihr Kind sollte in diesem Alter täglich mindestens 400 ml Milch trinken.

	Frühstück	Mittagessen	Abendessen	Imbiss
1. Tag	Toast mit Hefeextrakt oder Marmelade Joghurt Obst	Putenbällchen mit Paprikasauce *siehe Seite 76* Obst	Graupen mit bunten Gemüsewürfeln *siehe Seite 73* Aprikosen- und Birnenbrei *siehe Seite 31*	Milch Sandwich-Variationen *siehe Seite 89* Joghurt
2. Tag	Getreideflocken Frischkäse Obst	Auflauf nach Hirtenart *siehe Seite 77* Gefrorener Joghurt aus Himbeeren *siehe Seite 78*	Zucchini-Tomaten-Omelette *siehe Seite 70* Obst	Milch Getoastetes Schinken- und Käse-Sandwich Trockenobst
3. Tag	Rührei mit Toast Obst	Schnecken aus Geflügelwürstchen *siehe Seite 75* Obst	Nudelräder mit Käse und Brokkoli (Variante) *siehe Seite 71* Banane	Milch Baked beans mit Toast Frischkäse und Obst
4. Tag	Aprikosen-Heidelbeer-Porridge *siehe Seite 70* Joghurt	Minipizzas *siehe Seite 91* Obstsalat	Thunfisch-Zucchini-Lasagne *siehe Seite 72* Obst	Milch Cremiger Avocado-Dip mit Gemüsestangen *siehe Seite 56* Obst
5. Tag	Gekochtes Ei mit Toaststreifen Frischkäse Obst	Geflügel-Kartoffelbällchen *siehe Seite 77* Banane	Nudelsauce aus Tomaten und Mascarpone *siehe Seite 58* Obst	Milch Gemüsestangen und anderes Finger food Eiscreme
6. Tag	Getreideflocken Joghurt und Obst	Farfalle mit Schinken und Erbsen *siehe Seite 73* Obst	Zucchini-Tomaten-Omelette *siehe Seite 70* Obst	Milch Baked beans mit Toast Banane
7. Tag	Joghurt-Pflaumenkuchen *siehe Seite 78* Obst	Nudelräder mit Käse und Brokkoli *siehe Seite 71* Eiscreme	Joys Fischauflauf *siehe Seite 74* Obst	Milch Herzhafter Tomaten-Frischkäse-Dip *siehe Seite 88* Obst

Wochenplan: 18 Monate–2 Jahre

Nicht immer können alle Familienmitglieder zur gleichen Zeit essen, deshalb finden Sie hier auch Rezepte, die sich gut im voraus zubereiten und einfrieren lassen. In diesem Alter essen Kinder in der Regel nicht sehr viel auf einmal, um so mehr Aufmerksamkeit sollte deshalb den Snacks und der Milch zwischen den Mahlzeiten zukommen.

	Frühstück	Mittagessen	Abendessen	Imbiss
1. Tag	Getreideflocken Käse Obst	Annabels Gemüse-frikadellen *siehe Seite 94* Selbstgemachte Eislollies *siehe Seite 99*	Sauce Bolognese mit Hähnchenfleisch *siehe Seite 97* Obst	Milch Sandwich-Variationen *siehe Seite 98* Joghurt
2. Tag	Rührei mit Käse und Tomaten *siehe Seite 88* Erster Obstbrei (Apfel) *siehe Seite 29*	Farfalle mit Frühlingsgemüse *siehe Seite 90* Obst	Auflauf nach Hirtenart *siehe Seite 77* Obst	Milch Baked beans mit Toast Frischkäse
3. Tag	Aprikosen-Heidelbeer-Porridge *siehe Seite 70* Joghurt	Minestrone mit Buchstabennudeln *siehe Seite 90* Obst	Seesterne *siehe Seite 95* Obst	Milch Käse auf Toast Trockenobst und Reiscrackers
4. Tag	Getreideflocken Erdbeer-Bananen-Shake *siehe Seite 98*	Lammfleischbällchen mit süss-saurer Sauce *siehe Seite 97* Gefrorener Joghurt aus Himbeeren *siehe Seite 78*	Bunter Reis mit Kidneybohnen *siehe Seite 92* Obst	Milch Hafer-Rosinen-Kekse *siehe Seite 98*
5. Tag	Müsli mit Apfel, Mango und Aprikosen *siehe Seite 88* Joghurt	Minipizzas *siehe Seite 91* Götterspeise und Eiscreme	Hähnchen-Kebabs in Honig-Zitronen-Marinade *siehe Seite 96* Obst	Milch Rohes Gemüse und anderes Finger food Bananen-Muffins *siehe Seite 98*
6. Tag	Bananen-Muffins *siehe Seite 98* Frischkäse Obst	Schnecken aus Geflügelwürstchen *siehe Seite 75* Obst	Zucchini-Tomaten-Omelette *siehe Seite 70* Falsches Spiegelei *siehe Seite 103*	Milch Sandwich-Variationen *siehe Seite 98* Obst
7. Tag	Toast mit Hefeextrakt oder Marmelade Obst Joghurt und Honig	Kebabs mit Gemüsemais, Kirschtomaten und Tofu *siehe Seite 92* Obst	Hähnchen-Reis-Eintopf *siehe Seite 96* Obst	Milch Sardinen auf Toast Erdbeer-Bananen-Shake *siehe Seite 98*

WOCHENPLAN: 2–3 Jahre

DIESE VORSCHLÄGE umfassen viele neue Lebensmittel, mit denen sich Ihrem Kind kulinarisches Neuland erschließt. Sie können auch hier etwas zum Mitnehmen einbauen, wie etwa Pizza, gebratenes Hähnchen oder Fischstäbchen, und die Süßspeisen abändern oder ganz weglassen. Insgesamt sollten Sie aber darauf achten, daß Sie nährstoffreiche Imbisse und reichlich Milch, Fruchtsaft oder Wasser anbieten.

	FRÜHSTÜCK	MITTAGESSEN	ABENDESSEN	IMBISS
1. TAG	MÜSLI MIT APFEL, MANGO UND APRIKOSEN *siehe Seite 88* JOGHURT UND HONIG	NUDELN MIT ZUCCHINI, PAPRIKA UND WÜRSTCHEN *siehe Seite 109* OBST UND EISCREME	PFANNENGERÜHRTES HÄHNCHEN (TERIYAKI) *siehe Seite 111* FRISCHKÄSE	MILCH SANDWICH-VARIATIONEN *siehe Seite 89* OBST
2. TAG	GEKOCHTES EI MIT TOASTSTREIFEN OBST FRISCHKÄSE	TOMATENSUPPE *siehe Seite 106* OBST	ANNABELS PIKANTE FLEISCHBÄLLCHEN *siehe Seite 112* EISCREME	MILCH BANANEN-MUFFINS *siehe Seite 98* NATURJOGHURT UND HONIG
3. TAG	GETREIDEFLOCKEN KÄSE OBST	FARFALLE MIT SCHINKEN UND ERBSEN *siehe Seite 73* SALAT GÖTTERSPEISE UND EISCREME	GEMÜSELASAGNE *siehe Seite 109* OBST	MILCH BAKED BEANS MIT TOAST OBST
4. TAG	PORRIDGE ROSINENTOAST OBST	ANNABELS GEMÜSEFRIKADELLEN *siehe Seite 94* TOFFEE-PUDDING *siehe Seite 113*	GOLDBRAUNE PUTENSTREIFEN *siehe Seite 110* JOGHURT	MILCH KÄSE- UND GEMÜSESTREIFEN OBST
5. TAG	TOAST MIT HEFEEXTRAKT ODER MARMELADE JOGHURT OBST	CHICKEN NUGGETS IN HERZFORM *siehe Seite 110* OBST	ANNABELS NUDELSALAT *siehe Seite 108* ROHES GEMÜSE MIT DIP EISCREME	MILCH HAFER-ROSINEN-KEKSE *siehe Seite 98* ERDBEER-BANANEN-SHAKE (VARIANTE) *siehe Seite 98*
6. TAG	GETREIDEFLOCKEN JOGHURT OBST	GOLDBRAUNE PUTENSTREIFEN *siehe Seite 110* HAFER-ROSINEN-KEKSE *siehe Seite 98*	UNGARISCHES GULASCH *siehe Seite 112* OBST	MILCH KÄSE AUF TOAST TROCKENOBST
7. TAG	RÜHREI MIT TOAST OBST	KARAMELISIERTE HÄHNCHENBRUST *siehe Seite 110* OBST	KLEINE OFENKARTOFFELN *siehe Seite 107* SALAT OBST	MILCH SANDWICH-VARIATIONEN *siehe Seite 89* SELBSTGEMACHTE EISLOLLIES *siehe Seite 99*

Wochenplan: 3–5 Jahre

Kinder in dieser Altersgruppe helfen gern bei der Zubereitung ihres Essens mit und können schon viele einfache Aufgaben übernehmen. Nach den meisten Mahlzeiten wird Obst vorgeschlagen, servieren Sie aber ruhig auch einmal etwas Besonderes, wie Käsekuchen oder einen Biskuitauflauf. Ißt Ihr Kind im Kindergarten zu Mittag, sollten Sie das Abendessen entsprechend abstimmen.

	Frühstück	Mittagessen	Abendessen	Imbiss
1. Tag	Pochiertes oder gebratenes Ei mit Toaststreifen Getreideflocken Obst	Tomatensauce »Spezial« *siehe Seite 122* Salat Joghurt	Paella *siehe Seite 126* Obst	Milch Gemüsestangen mit Hummus Bananen-Muffins *siehe Seite 98*
2. Tag	Müsli mit Apfel, Mango und Aprikosen *siehe Seite 88* Joghurt Obst	Rindfleischspiesse *siehe Seite 129* Salat Obst	Italienischer Risotto mit Pilzen und Erbsen *siehe Seite 123* Eiscreme Obst	Milch Käse auf Toast Aprikosen-Getreide-Riegel *siehe Seite 131*
3. Tag	Porridge mit Honig oder Marmelade Dünn geschnittener Käse Obst	Hähnchenkeule vom Grill *siehe Seite 126* Gefrorener Joghurt aus Himbeeren *siehe Seite 78*	Nudeln »Singapur« *siehe Seite 128* Exotischer Obstsalat *siehe Seite 57*	Milch Baked beans mit Toast Schokoladen-Orangen-Plätzchen zum Ausstechen *siehe Seite 130*
4. Tag	Rührei mit Käse und Tomaten *siehe Seite 88* Frischkäse Obst	Hähnchen-Satay *siehe Seite 127* Obst	Fisch und Backofenchips *siehe Seite 125* Götterspeise und Eiscreme	Milch Sandwich-Variationen *siehe Seite 89* Obst
5. Tag	Joghurt-Pfannkuchen mit Ahornsirup *siehe Seite 78* Frischkäse Obst	Kleine Ofenkartoffeln *siehe Seite 107* Obst	Pfannengebratenes Rindfleisch mit Austernsauce *siehe Seite 128* Toffee-Pudding *siehe Seite 113*	Milch Gemüse- und Käsestangen Hafer-Rosinen-Kekse *siehe Seite 98*
6. Tag	Getreideflocken Käse Obst	Mini-Enchiladas mit Bohnen und Gemüse *siehe Seite 125* Obst	Sauce Bolognese mit Hähnchenfleisch *siehe Seite 97* Götterspeise und Eiscreme	Milch Sandwich-Variationen *siehe Seite 89* Trockenobst Frischkäse
7. Tag	Waffeln mit Ahornsirup Obst Joghurt	Eierreis mit Hähnchen und Garnelen *siehe Seite 127*	Mild gewürzte Gemüse-Samosas *siehe Seite 124* Obst	Milch Ländlicher Apfelkuchen *siehe Seite 130* Obst

Imbiß und Partygerichte

DER IMBISS ZWISCHENDURCH spielt bei Kleinkindern eine große Rolle. Und bereits jetzt werden die Weichen gestellt, ob Ihr Kind später gesund essen wird. Zu besonderen Anlässen, etwa beim Geburtstagsfest, können Sie für jedes Kind ein eigenes Picknickpaket zusammenstellen, anstatt einen großen Tisch zu decken.

GESUNDER IMBISS

REZEPTE FÜR EINEN IMBISS

ERDBEER-BANANEN-SHAKE
siehe Seite 98

HERZHAFTER TOMATEN-FRISCHKÄSE-DIP/
CREMIGER AVOCADO-DIP MIT GEMÜSESTANGEN
siehe Seite 88 und 56

»FALSCHES SPIEGELEI«
siehe Seite 103

HAFER-ROSINEN-KEKSE
siehe Seite 98

BANANEN-MUFFINS
siehe Seite 98

SELBSTGEMACHTE EISLOLLIES
siehe Seite 99

GEFRORENER JOGHURT AUS HIMBEEREN
siehe Seite 78

WURZELGEMÜSE-CHIPS
siehe Seite 70

SANDWICH-VARIATIONEN
siehe Seite 89

RÜHREI MIT KÄSE UND TOMATEN
siehe Seite 88

ANNABELS NUDELSALAT
siehe Seite 108

WEITERE VORSCHLÄGE

HARTGEKOCHTES EI MIT TOASTSTREIFEN; BAGUETTE; KÄSE AUF TOAST; GETOASTETE ROSINENBROTSTREIFEN MIT FRISCHKÄSE; SANDWICH-TOAST (Z. B. MIT SCHINKEN UND KÄSE); KLEINE KÄSESTÜCKE UND KÄSESCHEIBEN; TROCKENFRÜCHTE; FRISCHES OBST UND OBSTSALAT; VOLLKORN-FRÜHSTÜCKSFLOCKEN MIT MILCH; BAKED BEANS AUF TOAST; EIN GLAS MILCH ODER FRISCH GEPRESSTER ORANGENSAFT; POPCORN; JOGHURT; REISGEBÄCK; BROTSTREIFEN; GEMÜSE (Z. B. KAROTTEN, GURKEN, KIRSCHTOMATEN, SELLERIE – EVTL. MIT DIP)

PLANUNG FÜR DAS KINDERFEST

IM VORAUS ZUBEREITEN

GEBURTSTAGSKUCHEN
siehe Seite 115

CHICKEN NUGGETS IN HERZFORM
siehe Seite 110

HERZHAFTER TOMATEN-FRISCHKÄSE-DIP
(GEMÜSESTREIFEN EINEN TAG
VORHER SCHNEIDEN)
siehe Seite 88

SÜSSE FREUNDE
siehe Seite 114

SCHOKOLADEN-MOHRENKÖPFE
UND BRANDTEIG-MÄUSE
siehe Seite 131

APRIKOSEN-GETREIDE-RIEGEL
siehe Seite 131

GÖTTERSPEISE-SCHIFFCHEN
siehe Seite 79

MÜRBETEIG-PLÄTZCHEN
siehe Seite 115

AM GLEICHEN TAG ZUBEREITEN

SANDWICH-VARIATIONEN
siehe Seite 89

ANNABELS NUDELSALAT
siehe Seite 108

HÄHNCHEN-KEBABS IN HONIG-ZITRONEN-MARINADE
siehe Seite 96

HÄHNCHEN-SATAY
siehe Seite 127

NUDELN MIT ZUCCHINI, PAPRIKA UND WÜRSTCHEN
siehe Seite 109

GOLDBRAUNE PUTENSTREIFEN
siehe Seite 110

MINIPIZZAS
siehe Seite 91

PLATTE MIT FRISCHEN FRÜCHTEN
FRÜCHTE IN SCHOKOLADEN-DIP GETUNKT

Register

Stichwörter in *Kursivdruck verweisen auf Rezepte. Seitenangaben in* **Halbfettdruck** bezeichnen Abbildungen.

A

B

C/D

E

Dank der Autorin
Bei folgenden Personen möchte ich mich für ihren Rat und ihre Unterstützung bei der Arbeit an diesem Buch bedanken: Dr. Margaret Lawson (Dozentin am Institute of Child Health), Dr. Stephen Herman (FRCP = Fellow of the Royal College of Paediatricians / Facharzt für Kinderheilkunde am Central Middlesex Hospital), Dr. Barry Lewis (FRCP, FRCPH / Facharzt für Kinderheilkunde), Luci Daniels (staatl. gepr. Ökotrophologin), Simon Karmel, David Karmel, Evelyn Etkind, Jane Hamilton, Marian Magpoc, Letty Catada, Jo Pratt, Joy Skipper, Jacqui Morley, Lara Tankel. Ganz besonders bedanke ich mich bei Nicholas, Lara und Scarlett Karmel sowie all den anderen kritischen jungen Testessern, die sich durch die Rezepte in diesem Buch »gearbeitet« haben. Ebenfalls bedanken möchte ich mich bei unserem Fotografen Ian O'Leary und allen Mitarbeitern von Dorling Kindersley, die an dieser Produktion mitgewirkt haben.

Dorling Kindersley bedankt sich bei Dr. Margaret Lawson für die ernährungswissenschaftliche Beratung, bei Jasmine Challis für die Nährstoffanalysen, bei Dave King für seinen Beitrag zur Fotografie und Emma Brogi für die Fotoassistenz sowie bei Sue Henderson für das Food Styling auf den Seiten 86/87.

Vielen Dank auch an unsere Models:
Connor Bailey, Sam Bower, Nicoletta Comand und Melisande Croft, Laurie Claxton, Sophie Crook, Liam und Katie Dalmon, Page Fairclough (Agentur Bubblegum), Abigail und Matthew Freathy, Harriet Hayles (Agentur Bubblegum), Rosie Johnson, Scarlett Karmel, Alexander und Charlotte Kay, Peter Kelleher, Iris Mathieson, Georgina und Jack McCooke, Max Moore, Eleni Neophitou, Elicia Oliver-Knox, Elise Palmer, Kyle Perry, Joshua Richardson, Holly und Claire Robinson, Ellie-Louise Thomson.

Bildnachweis
Die Fotos zu den Rezepten haben Ian O'Leary und Dave King aufgenommen. Alle anderen Motive wurden von Ian O'Leary, Andy Crawford, Clive Streeter und Dave King fotografiert.

Die Modellaufnahmen stammen von Andy Crawford, Steve Gorton, Dave King, Steve Shott, Jenny Matthews, Susanne Price, Julie Fisher und Jo Foord.